TRAUNER VERLAG
BILDUNG

Die Kaffee-kenner

WILHELM GUTMAYER

BS
HF
TFS
HLT
FW
HLW

 Wir weisen darauf hin, dass das Kopieren zum Schulgebrauch aus diesem Buch verboten ist – § 42 Absatz (3) der Urheberrechtsgesetznovelle 1996: „Die Befugnis zur Vervielfältigung zum eigenen Schulgebrauch gilt nicht für Werke, die ihrer Beschaffenheit und Bezeichnung nach zum Schul- oder Unterrichtsgebrauch bestimmt sind."

Dieses Buch wurde auf umweltfreundlichem Papier gedruckt: 100 % chlorfrei gebleicht

Mit PEFC wird garantiert, dass die eingesetzten Rohstoffe für die Papierproduktion aus nachweislich nachhaltiger Waldwirtschaft stammen.
www.pefc.at

© 2012
TRAUNER Verlag + Buchservice GmbH
Köglstraße 14, 4020 Linz
Österreich/Austria
Alle Rechte vorbehalten.

Nachdruck und sonstige Vervielfältigung, auch auszugsweise, nur mit ausdrücklicher Genehmigung des Verlages. Layout wurde vom Patentamt mustergeschützt © Österreich 2010

Lektorat: Birgit Prammer
Gestaltung und Grafik: Bettina Victor, Mag. Wolfgang Kraml, Klara Beker
Titelgestaltung: Bettina Victor
Schulbuchvergütung/Bildrechte:
© VBK, Wien
Gesamtherstellung:
TRAUNER Druck GmbH & Co KG, Linz

ISBN 978-3-85499-782-5
Schulbuch-Nr. 155.343
www.trauner.at

Impressum

Gutmayer, Die Kaffeekenner
1. Auflage 2012
Schulbuch-Nr. 155.343
TRAUNER Verlag, Linz

Der Autor
Wilhelm Gutmayer
Höhere Bundeslehranstalt für Tourismus, Krems

Approbiert für den Unterrichtsgebrauch an:

- Berufsschulen in den Unterrichtsgegenständen Ernährungslehre und Warenkunde sowie Praktische Arbeit in den Lehrberufen Restaurantfachmann/fachfrau und Koch, Gastronomische Fachkunde sowie Praktische Arbeit im Lehrberuf Hotel- und Gastgewerbeassistent/in, Ernährungslehre und Warenkunde, Getränkekunde, Praktische Arbeit sowie Projektpraktikum im Lehrberuf Gastronomiefachmann/fachfrau sowie Ernährungslehre, Produktkunde und Praktische Arbeit im Lehrberuf Systemgastronomiefachmann/fachfrau
- Hotelfachschulen im Unterrichtsgegenstand Getränke
- Tourismusfachschulen im Unterrichtsgegenstand Serviceorganisation und Servieren
- Höheren Lehranstalten für Tourismus im Unterrichtsgegenstand Getränke
- dreijährigen Fachschulen für wirtschaftliche Berufe im Unterrichtsgegenstand Küche und Service
- Höheren Lehranstalten für wirtschaftliche Berufe im Unterrichtsgegenstand Küche und Service
- Kollegs für Tourismus im Unterrichtsgegenstand Gastronomie und Hotellerie

Bundesministerium für Unterricht, Kunst und Kultur,
GZ BMUKK-5.048/0056 – Präs.8/2010, vom 2. März 2011.

Dieses Schulbuch wurde auf der Grundlage eines Rahmenlehrplanes erstellt; die Auswahl und die Gewichtung der Inhalte erfolgen durch die Lehrer und Lehrerinnen.

Liebe Schülerin, lieber Schüler!
Sie bekommen dieses Schulbuch von der Republik Österreich für Ihre Ausbildung. Bücher helfen nicht nur beim Lernen, sondern sind auch Freunde fürs Leben.

Inhaltsverzeichnis

Geschichte des Kaffees — 7

1. Ursprung — 8
2. Verbreitung — 9
3. Der Name — 11
4. Der Beruf — 11

Kaffeeanbau — 13

1. Kaffeepflanze — 14
   1.1 Voraussetzungen — 14
   1.2 Entwicklung der Pflanze — 15
   1.3 Pflege der Pflanze — 17
2. Sorten und Anbaugebiete — 18
   2.1 Kaffeesorten — 18
   2.2 Anbaugebiete — 19

Ernte und Aufbereitung — 24

1. Ernte — 25
   1.1 Erntezeiten — 25
   1.2 Erntemethoden — 26
2. Aufbereitung — 28
   2.1 Trockene Aufbereitung (unwashed, natural coffee, naturals) — 28
   2.2 Nasse Aufbereitung (washed coffee) — 29
   2.3 Halbtrockene Aufbereitung (semi-dried/semi-washed coffee) — 30
   2.4 Reinigen und Sortieren — 31
   2.5 Sensorische Prüfung im Erzeugerland — 34
3. Kaffeesorten aus den Regionen — 35
   3.1 Die wichtigsten Produktionsländer in Afrika und Arabien — 36
   3.2 Die wichtigsten Produktionsländer in Asien und Australien — 38
   3.3 Die wichtigsten Produktionsländer in Süd- und Mittelamerika sowie in der Karibik — 40

Handel und Verarbeitung — 46

1. Handel — 47
   1.1 Abfüllung — 47
   1.2 Einkauf — 47
   1.3 Transport — 48
2. Verarbeitung — 48
   2.1 Röstablauf — 49
   2.2 Verschiedene Röstverfahren — 51
   2.3 Röststufen (Röstgrade) — 53
3. Endverpackung — 54
4. Spitzensorten — 55

Kaffeeinhaltsstoffe — 60

1. Inhaltsstoffe — 61
2. Wirkung von Kaffee — 63

Kaffeeprodukte und ihre Zubereitung — 67

1. Kaffeeprodukte und Ersatzstoffe — 68
   1.1 Sortenreine Bohnenkaffees — 68
   1.2 Bohnenkaffeemischungen — 68
   1.3 Naturmilder Kaffee bzw. mild behandelter Kaffee — 69
   1.4 Schonkaffee — 69
   1.5 Entkoffeinierter Kaffee — 69
   1.6 Instantkaffee — 71
   1.7 Kaffee-Ersatzmittel (Surrogate) — 72
   1.8 Aromatisierte Kaffeemischungen — 73
   1.9 Kaffeepads und -kapseln — 73
2. Zubereitungsarten — 74
   2.1 Zubereitungsverfahren und deren Maschinen — 77
   2.2 Zubereitung eines Espressos — 88
   2.3 Milchschaum — 90
   2.4 Zucker — 95
   2.5 Kaffeegetränke – Spezialitäten — 95

Für Lehr- und Lernerfolg

Liebe Lehrerinnen und Lehrer!

Beim vorliegenden Buch handelt es sich um ein komplettes Kompendium für die Zusatzausbildung „Kaffeekenner". Gleichzeitig eignet sich dieses Buch als ideale Vorstufe zur Ausbildung zur/zum Barista.

Eine fundierte didaktisch-methodische Aufbereitung sowie eine klare und präzise Gestaltung stehen dabei im Mittelpunkt. Die Inhalte werden durch zahlreiche auf den Text abgestimmte Abbildungen ergänzt.

In den Randspalten finden Sie Fachausdrücke und Fremdwörter leicht verständlich erklärt sowie wertvolle Hintergrundinformationen und Tipps. Seitenverweise und Piktogramme ermöglichen das schnelle Auffinden verwandter Themenbereiche und erleichtern die Orientierung. Links zu weiterführenden Sites dienen der Informationsbeschaffung und bieten zugleich über den Kernlernstoff hinausgehende Zusatzinformationen.

Folgende Piktogramme haben wir zur leichteren Orientierung verwendet:

 Wichtige Grundlagen

 Schreibaufgaben

 Tipps und Zusatzinformationen

 Diskussion

 Verknüpfungen zu anderen Kapiteln

 Download, Link

 Rechenaufgabe

 Meine Ziele

Die Ziele am Anfang sollen den Lernenden zeigen, was sie nach Bearbeitung des Kapitels können werden.

 Ziele erreicht?

Am Ende des Kapitels können sie überprüfen, ob sie ihre Ziele erreicht haben.

Die Farbskala hilft Ihnen bei der Selbsteinschätzung:
- einfache Aufzählung, Basiswissen, leichte Wissenswiedergabe
- zentrale, umfangreichere Informationen, intensivere Wissenswiedergabe
- auf dem erarbeiteten Wissen basierende selbstständige Themenerweiterung mit entsprechend aufwändigen Aufgabenstellungen

Ich wünsche Ihnen ein erfolgreiches Arbeiten mit diesem Buch!

Der Autor

Kaffeeservice 105

1	**Gästebetreuung**	106
1.1	Harmonie von Kaffee und Getränken oder Speisen	106
1.2	Zehn Irrtümer über Kaffee	107
1.3	Kaffeehauskulturen	108
2	**Kaffeedegustation**	113
2.1	Kaffeebeurteilungsblatt (Degustationsblatt)	114
2.2	Kaffeebeurteilung	116
3	**Kalkulation**	117
4	**Kaffeeorganisationen**	118

Stichwortverzeichnis	123
Literaturverzeichnis	128
Bildnachweis	128
Dankeschön	128

Geschichte des Kaffees

 Warum hat Kaffee trotz jahrhundertelanger Geschichte kein angestaubtes, sondern im Gegenteil ein besonders trendiges Image? Diskutieren Sie in der Gruppe darüber.

Kaffee ist mehr als nur ein köstliches Getränk, er steht mit seinem betörenden Duft und seinen belebenden Aromen im Zentrum der modernen Kultur, die mittlerweile den gesamten Globus umspannt. Kaffee ist auch das wichtigste Agrarprodukt im globalen Nord-Süd-Handel und nach Erdöl weltweit der zweitwichtigste Exportrohstoff.

Die Entdeckung des Kaffees ist abwechslungsreich und vielfältig wie das Getränk selbst. Die wahre Geschichte des Kaffees ist schwierig nachzuverfolgen.

Wussten Sie, dass ...
weltweit rund 25 Millionen Menschen im Anbau, mit der Verarbeitung und dem Vertrieb von Kaffee beschäftigt sind?

 Meine Ziele

Nach Bearbeitung dieses Kapitels kann ich
- die Herkunft des Wortes Kaffee erläutern;
- die geschichtliche Verbreitung des Kaffeeanbaus und -genusses beschreiben;
- den Begriff Kaffee in anderen Sprachen nennen;
- Auskunft über den Barista-Beruf geben.

Geschichte des Kaffees

1 Ursprung

Die Geschichte des Kaffees ist eine über tausendjährige Erfolgsstory. Viele Legenden ranken sich um die Geburtsstunde des schwarzen Lebenselexiers.

Kaffee wird als orientalischer aromatisch-würziger brauner Aufguss von veredelten Bohnen der Kaffeepflanze definiert, der vorwiegend heiß getrunken wird.

Die faszinierende Geschichte des Kaffees begann aller Wahrscheinlichkeit nach in der **Provinz „Kaffa",** im abessinischen Hochland von Südwest-Äthiopien, wo noch heute der wild wachsende Kaffeebaum zu finden ist.

Eine Legende berichtet von Hirten, die zufällig eines Abends entdeckten, dass ihre Ziegen noch sehr munter waren, wenn sie an einer bestimmten Stelle geweidet hatten. Daraufhin beklagten sie sich bei den Mönchen eines nahe gelegenen Klosters. An der Stelle, wo die Tiere grasten, fanden die Mönche dunkelgrüne Pflanzen, die grüne, gelbe und rote, kirschartige Früchte trugen, von denen die Tiere geknabbert hatten. Sie kosteten, warfen dann aber die bitter schmeckenden Samen enttäuscht ins Feuer, wo sie ihren köstlichen Duft verbreiteten. Die Mönche bereiteten sich daraus einen Aufguss zu und siehe, ohne das geringste Bedürfnis nach Schlaf konnten sie nun nachts wachen, beten oder angeregte Unterhaltungen führen.

Eine andere Geschichte besagt, dass im Hochland von Abessinien (Äthiopien) in den Bergwäldern des alten Königreichs Kaffa die grünen Bohnen zuerst von Nomadenstämmen gekaut wurden.

💡 Das Getränk aus den vergorenen Kaffeekirschen galt im Vorderen Orient als Wein und war, obwohl das Getränk äußerst beliebt war, aus religiösen Gründen sehr umstritten.

Etwa ab dem 9. Jahrhundert n. Chr., vielleicht auch schon etwas früher, gewann man aus den Früchten dieser wild wachsenden Pflanze ein Getränk. Möglicherweise wurde anfangs der vergorene Saft der Kaffeekirschen mit Wasser verdünnt getrunken. Erst später entdeckte man, dass die zerstoßenen Beeren viel ergiebiger zubereitet werden konnten und ungleich mehr Aroma hervorbrachten.

Der berühmte persische Arzt und Philosoph Ibn Sina (Avicenna) soll die Wirkung des Koffeins als hervorragend stimulierendes Arzneimittel schon 1015 erkannt und die Kaffeebohne als Heilmittel verwendet haben.

Verbreitung des Kaffees

Ibn Sina (Avicenna)

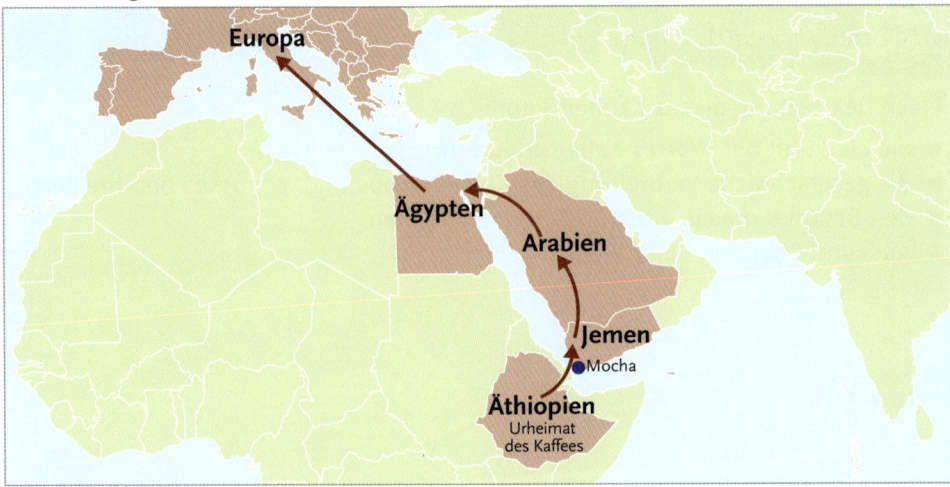

Von der Provinz Kaffa aus gelangte der Kaffee zuerst in den Jemen, dann nach Arabien und Ägypten. Das schwarz-bittere Getränk mit den anregenden Eigenschaften war schon seit der frühen Antike im Morgenland ein Bestandteil des täglichen Lebens und in allen sozialen Schichten verbreitet. In Mekka entstanden die ersten Kaffeehäuser mit der Bezeichnung „Kaveh Kanes". Bereits im 11. Jahrhundert waren in der islamischen Welt weder der Kaffee noch die Kaffeehäuser im gesellschaftlichen Leben wegzudenken.

Das jemenitische Volk versorgte bereits Anfang des 16. Jahrhunderts mit Karawanentransporten ganz Arabien mit Kaffee. Um 1530 entstanden auch Kaffeehäuser in den syrischen Städten Damaskus und Aleppo.

2 Verbreitung

Kaffee kommt ursprünglich aus Italien, meinte Katrin immer. Im Gespräch mit anderen Jugendlichen kommen aber mehrere Länder als Ursprung auf und sie ist sich plötzlich gar nicht mehr sicher.

Die europäische Bevölkerung musste sehr lange auf ihren ersten Kaffee warten. Die Araber/innen erklärten nämlich den Kaffeeanbau zum Staatsgeheimnis und die Ausfuhr keimfähiger Pflanzen wurde strengstens verboten. Als der Handel von Bohnen im 16. Jahrhundert zwischen Morgen- und Abendland zunahm, löste das Erscheinen des Kaffees in der alten und neuen Welt große Begeisterung aus.

Im **südarabischen Hafen Mocha** (daher der Name Mokka, siehe Karte S. 8), im heutigen Jemen, wurden die Schiffe europäischer Handelshäuser beladen. 1626 brachte Pietro della Walle den Kaffee nach Rom und Venedig. Um die Mitte des 17. Jahrhunderts gelangte er in die großen europäischen Seehandelsstädte. Sowohl keimfähige Bohnen als auch Pflanzen wurden nach Europa geschmuggelt, wo man zuerst die Kaffeesträucher in Glashäusern und Orangerien züchtete.

Doch bald begannen die Europäer/innen Kaffee in ihren tropischen Kolonien auszupflanzen. Die Besitzungen in Südamerika, in der Karibik, in Afrika, Ceylon, aber auch im javanischen Batavia in Niederländisch-Indien wurden in Kürze zu den wichtigsten Anbaugebieten der Welt.

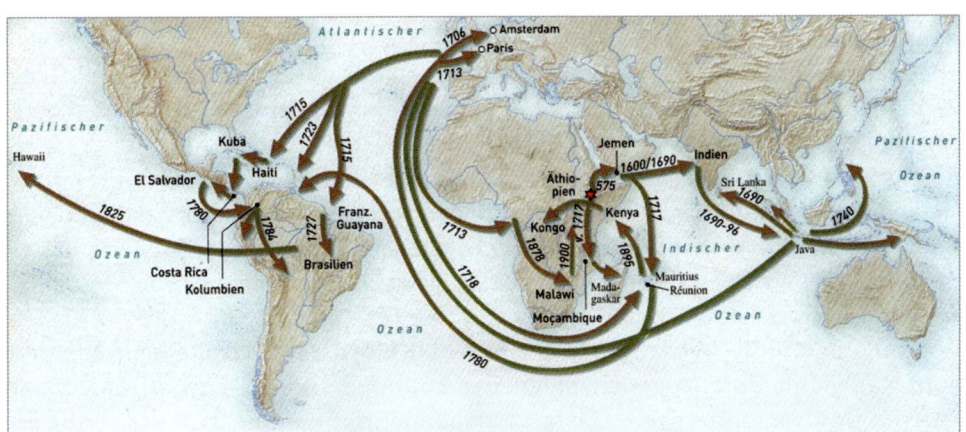

Die Kolonialzeit mit all ihren Handelsreisen beschleunigte die Verbreitung (z. B. auch durch den französischen Kapitän de Clieu)

💡 Muslimische Pilger/innen verbreiteten das stärkende, Sinne schärfende und belebende Getränk in die Metropolen der arabischen Welt. Ab dem 16. Jahrhundert wurde der Kaffee im ganzen Osmanischen Reich, also bis Konstantinopel (dem heutigen Istanbul) ganz im Westen, in Kaffeehäusern ausgeschenkt.

Wussten Sie, dass ...
man unter Mokka heute einen kleinen schwarzen Kaffee (wie ein Espresso) versteht?

💡 Europäische Weinbäuerinnen und Weinbauern versuchten aus Angst vor der neuen Konkurrenz anfangs Ärzte gegen dieses neue Getränk aufzubringen.

Geschichte des Kaffees

💡 „Allzeit Kaffeezeit" – seit 400 Jahren hat dieses köstlich-bittere Getränk einen Fixplatz in der europäischen Kultur. Dabei war der rabenschwarze Trank nicht immer so angesehen. Religiöse Fanatiker zogen gegen das „Gebräu des Satans" zu Felde, bis Papst Clemens VIII. mit folgenden Worten der Hatz ein Ende bereitete: „Dieser Trank ist viel zu köstlich, sodass es eine Sünde wäre, ihn nur Ungläubigen zu überlassen."

Orient = auch als Morgenland bezeichnete östliche Welt (Asien).

Okzident = auch als Abendland bezeichnete westliche Welt.

> In Europa wurde Kaffee begeistert aufgenommen, weil er aufregend und neu war, auch wenn er anfangs nicht allen schmeckte.

Kaffeehaus im Wiener Prater um die Jahrhundertwende (etwa 1900)

💡 Die Wiener Kaffeehauskultur wurde sogar in das UNESCO-Verzeichnis der immateriellen Kulturerbe aufgenommen.

Dadurch verloren die Araber/innen das Handelsmonopol und Kaffee entwickelte sich zu einem der meistgehandelten Rohstoffe der Welt. Mit steigendem Bedarf verbreitete sich im 18. und 19. Jahrhundert der plantagenmäßige Kaffeeanbau über den Tropengürtel der Welt. Der Kaffeestrauch wurde überall dort kultiviert, wo es die klimatischen Verhältnisse und die Bodenbeschaffenheit gestatteten.

Zu den berühmtesten Kaffeegenießern im Lauf der Geschichte gehörten u. a.: Madame Pompadour, die ihn in feinstem Porzellan servieren ließ; Papst Clemens VIII., der durch seine Segnung den Kaffee „christlich" machte; Honoré de Balzac, der Unmengen Kaffee getrunken haben soll, ebenso wie Voltaire; Beethoven, der ein Freund von starkem Kaffee war, zählte genau 60 Bohnen für die Zubereitung einer Tasse seines Lieblingsgetränks; Bach, der dem Kaffee sogar eine eigene Kantate widmete; Johann Strauß Vater und Ferdinand Raimund, die Stammgäste im gleichen Kaffeehaus waren.

Mme Pompadour | Papst Clemens VIII. | Voltaire | Beethoven

Überall in Europa entstanden Kaffeehäuser, die nicht immer unumstrittene Versammlungsstätten von allerlei Leuten und deshalb auch anfangs für Frauen verboten waren. Das Kultgetränk aus dem Orient hatte schließlich den Okzident erreicht. In Konstantinopel (dem heutigen Istanbul) zählte man um 1570 bereits 600 Kaffeehäuser.

Dem Trend folgend eröffneten weiter westlich erste Kaffeehäuser um 1645 in Venedig; 1650 folgte Oxford, 1652 London, 1659 Marseille und danach die Städte Amsterdam, New York, Paris, Prag, Hamburg usw.

Die Wiener/innen brauchten den Kaffee nicht mühsam importieren, er wurde ihnen von den türkischen Heerscharen Mohammeds IV. während der Zweiten Wiener Türkenbelagerung 1683 „frei Haus" geliefert. Kurz darauf konnte man sich der Erzählung nach bereits im ersten Wiener Kaffeehaus „Zur blauen Flasche" verabreden. Der Besitzer **Franz Georg Kolschitzky** war es der Legende nach auch, der den ersten Schritt zur Wiener Kaffeekultur setzte. Er soll den ungeliebten Kaffeesud ausgefiltert und Milch und Honig hinzugefügt haben. Urkundlich belegt ist jedoch die Gründung des ersten Wiener Kaffeehauses erst im Jahre 1685. Johannes Diodato (auch Theodat genannt) erhielt damals amtlich für seine Dienste als Kurier das Privileg zum öffentlichen Ausschank von Kaffee (Wien, Rotenturmstraße 14).

Bereits im 18. Jahrhundert waren die Kaffeehäuser wichtige Treffpunkte für Künstler, Schriftsteller, Geschäftsleute, die aufstrebende bürgerliche Gesellschaft und den Adel. Im 19. Jahrhundert breitete sich der „Wiener Kaffeehaustyp" weiter aus, sodass aus dem Wiener Kaffeehaus eine österreichische Institution wurde.

Auch die berühmte Versicherungsgesellschaft **Lloyds** entwickelte sich aus den vom Kaffeeduft durchzogenen Sälen der Londoner Börse. Edward Lloyd war Cafétier und versorgte seine Gäste so nebenbei mit kommerziell verwertbaren Daten über auslaufende Schiffe (gemäß dem Motto: Im Kaffeehaus bleiben nur Kaffeerezepte geheim.). Das zog die entsprechende Gästeschicht an und so entstand das weltweit agierende Unternehmen, in dem die Kaffeekultur auch heute noch hochgehalten wird.

3 Der Name

„Kaffee, Coffee, Café – es klingt sehr ähnlich, aber woher kommt der Begriff ursprünglich?", fragt Katrin.

Im äthiopischen Sprachgebrauch wurde der Kaffeebaum als „bun" und das Getränk als „bunchum" bezeichnet. Die Worte „chaube" und „qahwah" sind nachweislich arabischen Ursprungs und bedeuten „Aufguss". Von den Türkinnen und Türken wurde das Wort als „kahvé" ausgesprochen und dies ist aller Wahrscheinlichkeit nach die Wurzel für viele Sprachversionen. Das lateinische Wort für Kaffee „coffea" hat sich schließlich in allen europäischen Ländern in verschiedensten Schreibweisen durchgesetzt.

Frankreich:	Café	Italien:	Caffè	Dänemark:	Kaffe
Spanien:	Café	Holland:	Koffie	Norwegen:	Kaffe
Portugal:	Cafè	England:	Coffee	Tschechien:	Káva
Polen:	Kawa	Rumänien:	Cafea	Russland:	Kophe
Ungarn:	Kàvè	Arabisch:	qahwa	Griechenland:	Kafèo

Weitere Informationen finden Sie auch unter
www.kaffeemuseum.at
www.johann-jacobs-museum.ch

Kaffee ist international verständlich

4 Der Beruf

Robert lässt sich gerade zum Kaffeekenner ausbilden – zusätzlich zu seiner Grundausbildung. Er überlegt aber schon jetzt, sich später ganz dem geschichtsträchtigen Getränk zu widmen.

Heutzutage ist Kaffee ein wichtiger und sehr gewinnbringender Verkaufsartikel in allen gastronomischen Sparten – von der kleinen Bar bis zum Spitzenrestaurant. Gerade deshalb ist es wichtig, die Gäste diesbezüglich speziell beraten und informieren zu können. Außerdem hat die österreichische Kaffeehauskultur Weltruhm und viele internationale Gäste nützen bei ihrem Aufenthalt die Gelegenheit, mit Kaffeegetränken und Kaffeeprodukten verschiedenster Art verwöhnt zu werden.

Im 20. Jahrhundert entstand der entsprechende Berufsstand vor allem für die speziellen Zubereitungen von Kaffee: der bzw. die **Barista** (bzw. mehrere männliche Baristi bzw. weibliche Bariste, aus dem Italienischen). Der zugehörige Arbeitsplatz befindet sich meist in einer Kaffee-Bar. Dort ist er oder sie zwar für alle Getränke zuständig, jedoch besonders für die verschiedensten, meist auf Espresso basierenden Kaffeegetränke.

Mit dem Können und der Umsicht einer/eines Barista steht und fällt das Ergebnis der angebotenen Kaffeespezialitäten. Jede/r Barista arbeitet ständig im öffentlichen Raum, das heißt, er ist ununterbrochen in Kundenkontakt. Daher sind sein Erscheinungsbild und seine Umgangsformen direkt positiv (oder auch negativ) wirksam.

Selbstverständlich wird ein Anwärter oder eine Anwärterin auf diesen Titel ähnlich wie ein Sommelier und eine Sommelière nach einer ausreichenden Ausbildung und entsprechender Praxiszeit (sechs Monate bzw. ein Jahr) speziell geprüft.

Unterschiedlichste Stile prägen den Arbeitsplatz einer oder eines Barista

Geschichte des Kaffees

Handwerkliches Geschick und technisches Verständnis helfen im Alltag

Entsprechende Prüfungen für den Titel „Certified Barista" (Level 1 bzw. 2) werden von der SCAE (Speciality Coffee Association of Europe) durchgeführt (siehe auch S. 119). In Italien ist Barista schon lange ein eigener Lehrberuf.

Wichtige Voraussetzungen für den/die Barista sind:
- Fachwissen
- Hygienekenntnisse
- Handwerkliches Geschick
- Kommunikationsfähigkeit
- Leidenschaft für Kaffee und Menschen (Showtalent)

Aufstiegschancen bieten Weiterbildungen zur **Baristatrainerin** bzw. zum **Baristatrainer** oder danach noch Schulungen zum **Brewmaster.**

Ziele erreicht? – „Geschichte des Kaffees"

1. Beschreiben Sie einem Gast, wie der Kaffee zu seinem Namen kommt.

2. In Europa tauchten erstmals Kaffeehäuser im
   - ☐ 14. Jahrhundert
   - ☐ 16. Jahrhundert
   - ☐ 15. Jahrhundert
   - ☐ 17. Jahrhundert auf.

3. Zählen Sie mindestens zwei Widerstände, die Kaffee in Europa zu überwinden hatte, auf:

   _____

   _____

4. Fügen Sie fehlende Wörter in die Tabelle ein:

Frankreich:			Koffie		Kophe
	Kawa		Káva	Norwegen:	
Griechenland:		England:		Italien:	

5. Streichen Sie für eine/n Barista nicht unbedingt erforderliche Voraussetzungen:

   Showtalent   Marketingkenntnisse
   Kenntnisse der Servierregeln   Kommunikationsfähigkeit
   Handwerkliches Geschick   Hygienekenntnisse
   Biologisches Wissen   Fachwissen

Kaffeeanbau

Kaffeeanbaugebiete liegen allesamt in den tropischen Breitengraden. Das regionale Anbaugebiet, also der vorhandene Boden, das vorherrschende Klima sowie die angewandte Anbauart, beeinflussen jedoch den Geschmack des Kaffees wesentlich. Deshalb zeigt sich jede Kaffeesorte punkto Geschmack und Aroma anders.

 Geografisch gesehen gibt es weltweit drei Kaffeeanbauregionen mit relativ ausgeglichenem Klima: Ostafrika und Arabien, Südostasien und der indonesische Raum sowie Lateinamerika.

Meine Ziele

Nach Bearbeitung dieses Kapitels kann ich
- die Voraussetzungen für Kaffeeanbau nennen;
- zahlreiche Kaffeeanbauländer in verschiedenen Kontinenten aufzählen;
- die Kaffeepflanze und ihre Entwicklung beschreiben;
- sagen, welche Schädlinge und Krankheiten die Kaffeepflanze gefährden;
- Informationen über biologisch angebauten Kaffee wiedergeben;
- Kaffeepflanzen in Sorten einteilen;
- Unterschiede zwischen Hoch- und Tieflandkaffee erläutern;
- die wichtigsten Kaffeeanbauländer nach ihrer Produktionsmenge reihen.

1 Kaffeepflanze

Robert bewundert eine neue Zimmerpflanze seiner Mutter. Die erklärt ihm zu seiner Verwunderung, dass es eine Kaffeepflanze ist. Niemals hätte Robert die roten Kirschfrüchte mit Kaffee in Verbindung gebracht!

1.1 Voraussetzungen

Der Kaffeebaum ist eine tropische bzw. subtropische, immergrüne Pflanze und benötigt eine Jahresdurchschnittstemperatur von 15 bis 25° Celsius. Temperaturen unter 11° Celsius können die Pflanze gefährden, bei Temperaturen nahe des Gefrierpunktes werden sie nachhaltig geschädigt.

Zum Gedeihen des Kaffeestrauches sind feuchtwarmes Klima, lockere, humusreiche Böden und regelmäßige Niederschläge erforderlich. Ausreichend Regen gewährleistet beste Wachstumsbedingungen und eine gute Ernte. Jeder Regenfall bringt die Kaffeepflanzen nach etwa zwei Wochen zum Blühen.

Schutz vor direkter Sonneneinstrahlung und Wind sorgt für gutes Mikroklima. In vielen Plantagen werden deshalb Schattenbäume (z. B. Bananen oder Kakaobäume) gepflanzt.

> Beste Wachstumsbedingungen für Kaffee findet man in den Anbaugebieten zwischen dem 25. Breitengrad nördlich und südlich des Äquators, dem sogenannten Kaffeegürtel.

Die Kaffeepflanze stellt also hohe Ansprüche an ihre Umgebung. Geografische Bedingungen, Temperatur, Sonnenschein, Niederschläge, Wind sowie Bodenzusammensetzung müssen in ganz bestimmter Weise aufeinander abgestimmt sein, um hervorragende Qualität und hohe Erträge zu garantieren.

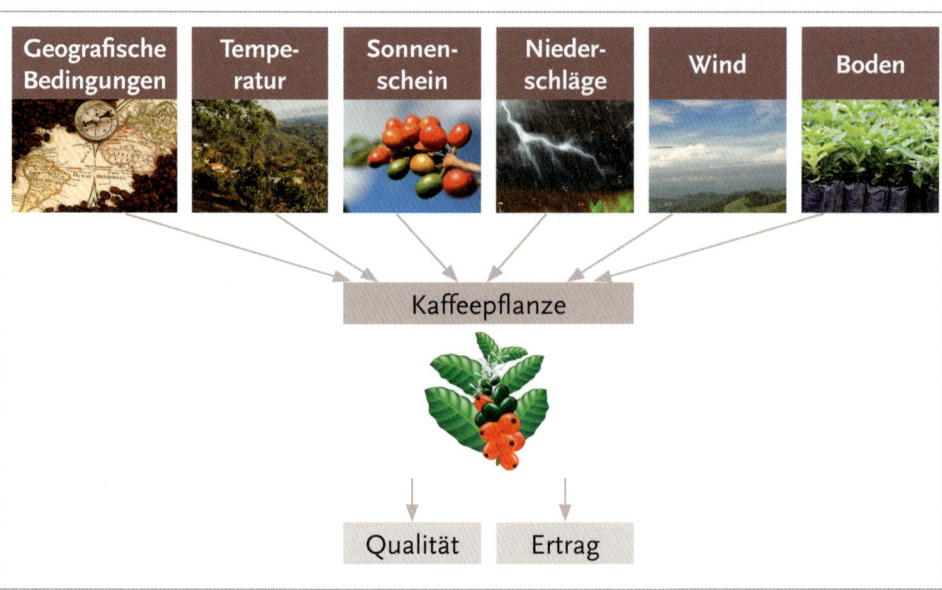

Hierbei stellen die beiden Sorten Arabica und Robusta (siehe nächste Seiten) unterschiedliche Ansprüche.

Warum erfrieren Kaffeepflanzen so rasch?
Die aufgehende Sonne lässt den auf den Pflanzen liegenden Morgentau verdunsten. Weil der verdunstende Tau der Umgebung Wärmeenergie entzieht, sinkt die Temperatur der Blätter ab. Obwohl die Lufttemperatur bereits steigt, können die jungen Blätter und Knospen erfrieren.

Kultivierung unter Schattenbäumen

Wussten Sie, dass ...
die Niederschlagsmenge in den einzelnen Anbaugebieten unterschiedlich ist und zwischen 1 000 und 2 000 mm im Jahr beträgt? Zum Vergleich: der Jahresniederschlag in Österreich wird mit durchschnittlich 900 mm angegeben.

1 Kaffeepflanze

Wichtige Kaffeeanbauländer, die die klimatischen Voraussetzungen erfüllen	
Mittelamerika und Karibik	Costa Rica, Dominikanische Republik, El Salvador, Guatemala, Haiti, Honduras, Jamaika, Kuba, Mexiko, Nicaragua, Panama, Puerto Rico
Südamerika	Bolivien, Brasilien (größter Kaffeeproduzent), Ecuador, Guyana, Kolumbien, Peru, Venezuela
Afrika	Burundi, Elfenbeinküste, Guinea, Kamerun, Kenia, Demokratische Republik Kongo, Liberia, Madagaskar, Ruanda, Tansania, Uganda, Zentralafrikanische Republik
Asien	Indien, Indonesien (Bali, Celebes, Java, Sumatra, Timor), Sri Lanka, Vietnam, Hainan (chinesische Insel)
Ozeanien	Neuguinea, Philippinen (für den Weltmarkt ohne Bedeutung), Australien (im Norden)

Wussten Sie, dass ...
Brasilien 25 % der Weltproduktion auf den Markt bringt?

1.2 Entwicklung der Pflanze

Neue Pflanzen werden entweder direkt aus Samen oder Stecklingen in der sogenannten Nursery, also der Aufzucht oder Pflanzschule, gezogen. Dort werden viele Tausende, sorgfältig ausgesuchte Kaffeesamen (sogenannte Pergaminos) in Reihen in die Erde gelegt und mit einer Schichte nährhaltiger Muttererde bedeckt. Beschattung des Saatgutes und eine gleichbleibende Feuchtigkeit sorgen für eine gute Keimung. Nach sechs bis acht Wochen sprießen dünne Triebe aus dem Boden, an deren Spitze sich der Samen befindet.

Keimende Kaffeepflanze

Unter der Außenhülle der Pergaminos wachsen die Blätter der Pflanze heran. Sobald die Blätter kräftig genug sind und sich ausbreiten wollen, löst sich die Außenhülle ab. Zu diesem Zeitpunkt sind die Pflanzen etwa vier bis fünf Zentimeter groß.

Hat sich fünf bis sechs Wochen später das erste Blattpaar der kleinen Pflanze entwickelt, werden nur die kräftigen Setzlinge in Einzelbehälter umgepflanzt.

Diese Behälter kommen dann in die leicht schattigen Pflanzschulbeete. Dort werden sie sorgfältig gepflegt, gedüngt und bewässert.

Jungpflanze kurz vor dem Vereinzeln

Nach insgesamt acht bis zehn Monaten haben sich die Jungpflanzen gut entwickelt, verdichtet und eine Größe von etwa 50 cm erreicht. Nun kann die Anpflanzung auf der Kaffeeplantage erfolgen.

Wenn sie eine Höhe von 30 bis 50 cm erreicht haben, werden sie in Abständen zwischen zwei und drei Metern in die Plantage ausgepflanzt. Nach drei bis vier Jahren Pflege tragen die jungen Sträucher erstmals Blüten.

💡 Da der Kaffeestrauch empfindlich auf direkte Sonneneinstrahlung reagiert, findet man um die Plantage und häufig auch in der Plantage Schatten spendende Bäume.

Kaffeeanbau

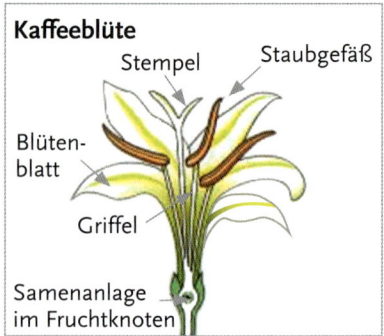

Kaffeeblüte

Nur Arabicas können sich selbst befruchten

💡 Einige Sorten sind bei ihrer Vollreife knallgelb.

Zweig mit Blüten und Früchten in verschiedenen Reifestadien

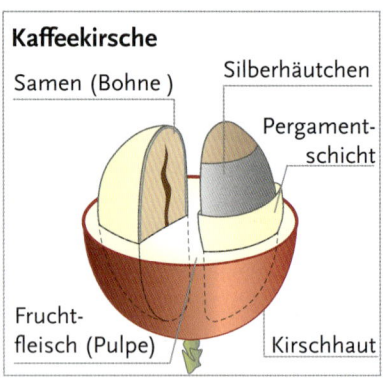

Kaffeekirsche

Rohkaffee

Blüte

Die Blüte setzt nach der Trockenperiode unmittelbar nach den ersten Regenfällen ein. An einem voll blühenden Strauch können zwischen 30 000 und 40 000 Blüten entstehen.

Die fünfgliedrigen Blüten sind weiß und erinnern in Duft, Farbe und auch in der Form an Jasmin. Sie stehen gehäuft in den Blattachseln, verblühen in relativ kurzer Zeit und sind nur wenige Stunden befruchtungsfähig. Nach drei bis vier Tagen fallen die Blüten ab.

Bis auf die Arabica-Kaffeeblüte sind alle anderen Arten auf die Fremdbestäubung angewiesen, das heißt, sie benötigen Wind und/oder Insekten für die Fortpflanzung. Nach der Befruchtung entwickeln und reifen je nach Varietät und Klima bzw. Höhenlage in sechs bis zehn Monaten die kirschenähnlichen Früchte. Die Farbe der „Kaffeekirschen" wechselt während der Reifephase von grün über gelb zu rot und im überreifen Zustand zu schwarz.

In den Tropen tragen die Pflanzen ununterbrochen Früchte. Da es im tropischen Klima sehr oft regnet und die Blüten mit dem Regen entstehen, findet man Blüten und Früchte in unterschiedlichen Reifestadien an den Sträuchern.

Bei guter Pflege liefern die Sträucher weitere 15 bis 20 Jahre ergiebige Ernten. Nach etwa 20 Jahren gehen die Produktionsmengen wieder zurück. Kaffeepflanzen können 50 Jahre und älter werden.

Früchte

Die Kaffeefrucht, wegen ihres Aussehens oft als Kirsche bezeichnet, ist eine zweisamige Steinfrucht.

Die reife Frucht hat in der Regel eine rote Haut, kann aber abhängig von der Sorte auch eine gelbe Haut aufweisen. Sie wird von einem weichen, weißgelblichen, zuckerhaltigen Fruchtfleisch (der Pulpe) umschlossen.

In der Frucht sind in der Regel zwei Samen enthalten, die üblicherweise als Kaffeebohnen bezeichnet werden. Sie liegen mit ihren Innenseiten flach aneinandergepresst und weisen mit ihren Rundungen nach außen. Charakteristisch ist die Furche an der flachen Seite.

Jeder Samen wird von einer dünnen, fest anhaftenden Schale geschützt, dem Silberhäutchen. Beide Kaffeebohnen sind dann noch, jede für sich, von einer locker aufsitzenden, dünnen und blassgelben Hülle, der Pergamenthaut, umgeben. Die Kaffeebohne liefert das kräftige Nährgewebe für den dünnen gekrümmten Keimling, der am unteren, dem Fruchtstiel zugekehrten Ende des Samens sitzt.

Die Kaffeebohnen sind rundlich bis länglich, manchmal auch spitz zulaufend und ihre Farbe ist im frischen Zustand gelblichgrau, grünlichgrau, grünlichblau oder blaugrau. Es kann allerdings auch zu abweichenden Samenbildungen (z. B. nur ein Samenkorn oder beide Samenkerne zusammengewachsen) kommen.

Die **besten Bohnen** gedeihen im Hochland zwischen 600 und 2 000 Meter. In dieser Höhenlage vollzieht sich das Pflanzenwachstum langsamer als die Kulturen in den Tieflagen. Je länger die Reifephase, je kühler das Klima, desto härter die Samen und desto mehr Zeit bleibt den Bohnen für die Entwicklung der Inhaltsstoffe. Durch die langsame Reifung erhöht sich die Aromavielfalt und verringert sich die Säure in den Bohnen. Vor allem bei der Sorte Arabica zeigt sich die Qualität auch am bläulichen Rohkaffee.

> **Wussten Sie dass, ...** die sogenannten **Perlbohnen (Peaberries)** meist keine eigene Sorte, sondern in der Kaffeekirsche heranwachsende einzelne rundliche Bohnen sind, die besonders am Ende der Kaffeezweige wegen Nährstoffmangels entstehen? Vor allem in Kenia werden sie heraussortiert und extra verkauft (Kenia PB). Es gibt aber auch Züchtungen, die sich auf diese milden Bohnen spezialisiert haben (z. B. in Sambia oder El Salvador).

1.3 Pflege der Pflanze

Durch ständigen Beschnitt werden die Kaffeebäume auf eineinhalb bis drei Meter Höhe gehalten. Regelmäßig wird der Boden rund um die Pflanzen gejätet. Mit dem Einbringen von Dünger in den Boden verhindert man das Auslaugen des Erdreichs. Auf ausreichende Wasserzufuhr wird stets geachtet.

Zu den weiteren Arbeiten auf der Plantage gehört auch das Entfernen von Kaffeebäumen, die geringe Ernteergebnisse liefern. Ersatz bilden dann zumeist neuere Züchtungen, die sowohl widerstandsfähiger gegen Schädlinge als auch ertragreicher sind. Somit kann der Einsatz von umweltbelastenden Mitteln verringert werden.

💡 In den Kaffeeplantagen werden die Sträucher beschnitten, um eine rationelle Bearbeitung und Ernte der Früchte (Kaffeekirschen) durch die Arbeiter/innen zu gewährleisten.

Schädlinge und Krankheiten

Die Bekämpfung der Pflanzenschädlinge ist ein wichtiges Kapitel im Kaffeeanbau. Aufgrund des tropischen und subtropischen Klimas sind die Pflanzen vermehrt Schädlingen und Krankheiten ausgesetzt als im gemäßigten Klima. Deshalb muss ein sinnvoller Pflanzenschutz betrieben werden. Dieser umfasst biologische, chemische und anbautechnische Maßnahmen.

Von Pilzen hervorgerufen	Z. B. Blattrost, Blattfleckenkrankheiten oder Blattfall.
Tierschädlinge	Z. B. Wurzelälchen, Würmer, Läuse, Raupen, Larven, Käfer, Engerlinge, Maden und der Kirschbohrer, der die Kaffeekirschen anbohrt, seine Larven darin ablegt, welche dann die Kirschen aushöhlen.
Bodenschäden	Z. B. durch Humusarmut wird die sogenannte Welkekrankheit hervorgerufen.

✏️ Notieren Sie Informationen aus dem Internet über biologische Schädlingsmaßnahmen bei Kaffeepflanzen.

Kaffee aus Bioanbau bzw. Fair Trade

Beim biologischen Anbau dürfen keine chemischen Dünge- und Pflanzenschutzmittel zum Einsatz kommen. Die Bezeichnung „Biokaffee/Kaffee aus biologischem Anbau" darf nur verwendet werden, wenn die Bearbeitung von anerkannten Organisationen geprüft und zertifiziert wurde.

Der biologische Anbau ist arbeitsintensiv, aber durch einen garantierten Preis für den Rohkaffee bietet diese Produktionsweise vielen Kleinstbetrieben eine Überlebenschance. Durch diesen nachhaltigen Kaffeeanbau wird eine Verbesserung der Lebensqualität, Umwelt und Produktqualität angestrebt.

Es könnte mehr „umweltfreundlicher und sozial verträglicher" Kaffee verkauft werden, doch derzeit stehen noch zu geringe Erntemengen zur Verfügung

Kaffeeanbau

⚠ Es gibt viele Kaffees, z. B. Fair-Trade-Produkte mit hoher Qualität, die aufgrund der Gegebenheiten natürlich produziert werden, jedoch nicht als Biokaffee zertifiziert sind.

Bedingungen für biologischen Fair-Trade-Kaffee
- Umweltgerechte Kultivierung der Kaffeepflanzen
- Keine Verwendung von Herbiziden und Pestiziden
- Keine Verwendung von Handelsdünger
- Kultivierung unter Schattenbäumen bietet durch die Mischkultur vielen Pflanzen und Tierarten Lebensraum
- Schonender Umgang mit Wasserressourcen
- Einsatz von erneuerbarer Energie bei der Aufbereitung
- Vermeidung von Kinderarbeit
- Angemessene, geregelte Entlohnung für das Produkt (Fair Trade)

Die Nachfrage in den Konsumländern nach diesen Kaffees steigt jährlich. Abnehmer/innen sind Konsumentinnen und Konsumenten bzw. Gastronomiebetriebe, die neben dem Qualitätsanspruch auch einen Fokus auf soziales Bewusstsein legen und denen Umweltschutz auch in entfernten Ländern wichtig ist.

💡 Der Kaffeebaum (Coffea) aus der Familie der Rötegewächse (Rubiaceae) ist zu einer ausgesprochenen Kulturpflanze geworden, die großteils in Plantagen angepflanzt wird. (Ausnahme: Wild- bzw. Waldkaffee, der in den kleinen verbliebenen Regenwäldern Südäthiopiens von dort ansässigen Familien geerntet wird. Diese Rarität ist sehr teuer und hat eine kräftige Säure.)

2 Sorten und Anbaugebiete

Beim Einkauf findet sich Katrin kaum in der großen Auswahl an Kaffees zurecht. Sie würde gerne Unterschiede kennen und ihren Kauf bewusster machen.

2.1 Kaffeesorten

Von den zahlreichen, etwa 80 bekannten Coffea-Varietäten sind nur zwei Sorten für den weltweiten Anbau und Handel von Bedeutung. Dies sind **Coffea arabica** (älteste, mit fast drei Viertel Anteil häufigste Sorte) und **Coffea canephora, auch Robusta** genannt. Beide haben wiederum zahlreiche Unterarten, die jeweils in bestimmten Anbaugebieten gezüchtet werden und ihr eigenes typisches Aroma aufweisen (werden teilweise auch einzeln unter der genannten Region als teure Spezialkaffees verkauft wie Weine aus einem bestimmten Terroir).

✏ Notieren Sie sich mithilfe des Internets Kaffees „mit bestimmter Herkunft", also 100 % aus benannten Regionen.

Coffea liberica und Coffea excelsia werden in geringen Mengen angepflanzt und haben im Weltkaffeehandel keine Bedeutung (unter 1 % der gesamten Kaffeeproduktion).

Kaffeegürtel

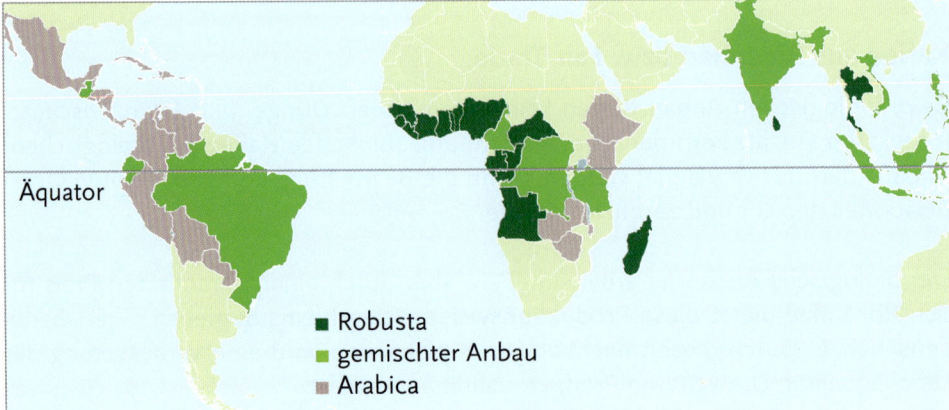

- Robusta
- gemischter Anbau
- Arabica

💡 Organisationen wie Rainforest Alliance, Fairtrade oder 4C-Association sorgen für nachhaltigen Anbau und für den Schutz des Regenwaldes bzw. des Klimas.

2 Sorten und Anbaugebiete

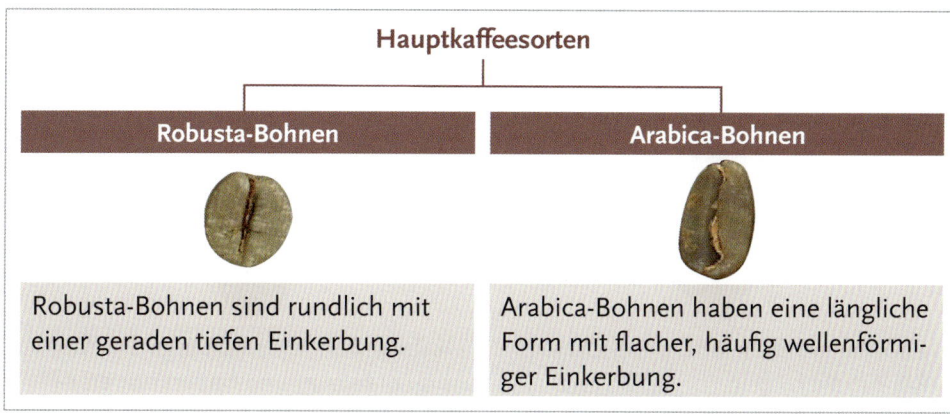

Siehe auch Hochland- und Tieflandkaffee im nachfolgenden Text.

Die aus Äthiopien stammende Coffea arabica wurde 1753 klassifiziert. Robusta-Pflanzen wurden erst im 19. Jahrhundert im Kongo nahe der Grenze zu Uganda entdeckt und klassifiziert.

2.2 Anbaugebiete

Je höher die Anbaulage, umso besser werden die organoleptischen Eigenschaften der Kaffeebohnen.

Organoleptisch = die Sinne beeinflussend.

Eigenschaften der Anbaugebiete

Tieflandkaffee Robusta	Hochlandkaffee Arabica

Robusta bevorzugt Höhenlagen zwischen dem Meeresspiegel und 600 Meter. Die Pflanze verträgt feuchtwarmes Klima mit Temperaturen von über 30 °C und ist, wie der Name sagt, robust, widerstandsfähig gegen Krankheiten, Schädlinge sowie anspruchslos in Bezug auf Bodenverhältnisse. Da sie mehrmals im Jahr blüht, schneller wächst und mehr Früchte produziert, ist der Ertrag höher als bei Arabicas.	Coffea arabica bevorzugt Höhenlagen zwischen 600 und 2 000 Meter. Die Früchte reifen langsamer (acht bis zehn Monate nach der Blüte) und der Ertrag ist geringer.
Sorten von Robusta sind z. B. Conillon und Indenie.	Die Varietät **Coffea arabica typica** mit den Unterarten Java arabica und Nacional (Brasilien) mit der Abart Café Bourbon (Insel Réunion) sowie die Hybriden Catai, Canturra, Cittamorra, Mundo Nuovo usw. **Coffea arabica maragogype** ist eine andere Varietät, die durch Mutation entstanden ist.

Je nach Bodenverhältnissen und Klima bzw. Wetter im Erntejahr (heiß oder mild, feucht oder eher trocken) entwickeln die Kaffeefrüchte andere Nuancen. Somit ist das Geschmacksprofil jeder Ernte anders und hat den individuellen Charakter eines eigenständigen Jahrgangs wie beim Wein.

Die Anbauhöhe ist für die spezifische Dichte der Bohnen verantwortlich.
Hochlandgewächse weisen einen konkaven (nach innen gewölbten) Schnitt und eine festere Bohnenstruktur auf.
Tieflandgewächse entsprechen meist dickeren, gleichmäßigeren Bohnen und weisen einen offenen Schnitt auf.

Wussten Sie, dass …
wild wachsende Arabica-Pflanzen etwa fünf Meter, die Sorte Robusta über zehn Meter erreichen?

Eigenschaften der Hauptkaffeearten

Tieflandkaffee Robusta	Hochlandkaffee Arabica

Robusta-Bohnen sind unregelmäßig rundlich, gelb-/bräunlich-grün und weisen eine geradlinige tiefere Furche auf.	Arabica-Bohnen sind länglich eiförmig, blaugrün und haben nur eine leicht angedeutete, oft gewundene Furche.
Robusta ist **rauer** im Geschmack und wird durch den höheren Gehalt an Koffein, Gerbstoffen, Chlorogensäure von vielen Menschen als strohig, bitter, holzig, muffig und adstringierend empfunden. Aufgrund des geringeren Fettgehaltes sorgt Robusta in italienischen Kaffeemischungen bei der Espressozubereitung für eine reiche und dichtere Crema.	Die Sorte Arabica bringt höherwertigen, aromareichen, **milden** Kaffee mit feiner Säure und zartem Duft, höherem Fett- und Zuckergehalt sowie geringerem Koffeingehalt als Robusta hervor. Hochlandkaffee ist begehrter und teurer.
Koffeingehalt Rohkaffee: ca. 1,6 bis 3,2 ‰ Gerösteter Kaffee: ca. 1,5 bis 2,5 ‰	**Koffeingehalt** Rohkaffee: ca. 0,9 bis 1,2 ‰ Gerösteter Kaffee: ca. 0,8 bis 1 ‰
Robusta ist in Afrika (z. B. Uganda, Demokratische Republik Kongo, Madagaskar, Zentralafrikanische Republik), Asien (z. B. Vietnam, Indonesien, Indien) und Brasilien weitverbreitet.	Arabica ist in Brasilien, Kolumbien, Mexiko, in den Staaten Zentralamerikas und vielen Ländern Afrikas beheimatet.
Die besten Robusta-Sorten kommen (gewaschen) z. B. aus Indien, Uganda und Brasilien.	Die besten Arabicas kommen aus Äthiopien, Kenia, Jamaika, Peru, Kolumbien, Brasilien, Guatemala, Mexiko, Hawaii.

Adstringierend = zusammenziehend, austrocknend.

 Coffea liberica und excelsa haben eine extrem lange Reifezeit (bis zu 14 Monaten), zu hohe Gerbsäure und einen ebenfalls zu hohen Koffeingehalt.

Die Sorten **Coffea liberica** und **Coffea excelsa** kommen nur in einigen Ländern Afrikas, wie z. B. Liberia, Sierra Leone, Zentralafrikanische Republik und Benin, sowie auf den Philippinen, in Indonesien und Vietnam vor. Die erzeugten Mengen sind allerdings unbedeutend. Sie haben in diesen Ländern nur lokale Bedeutung und entsprechen nicht den international geforderten Ansprüchen.

Coffea charrieriana ist eine natürlich koffeinfreie Sorte. Sie wurde 1983 in Kamerun entdeckt und wird für neue koffeinfreie Züchtungen verwendet.

Wussten Sie, dass ...
weltweit auf zehn Millionen Hektar von ca. 15 Milliarden Bäumen bzw. Sträuchern Kaffee geerntet wird?

Wichtige Produktionsländer

Die Anbaugebiete sind auf etwa 80 Länder verteilt, wobei nur 50 Länder Kaffee in wirtschaftlich nennenswerten Größenordnungen produzieren.

Die zehn größten Kaffeeproduzenten

Land	Tonnen
Brasilien	2 249 100
Vietnam	961 200
Kolumbien	697 377
Indonesien	676 475
Äthiopien	325 800
Indien	288 000
Mexiko	268 565
Guatemala	252 000
Peru	225 992
Honduras	217 951

Quelle: FAOSTAT 2009 Food and Agriculture Organization of the United Nations

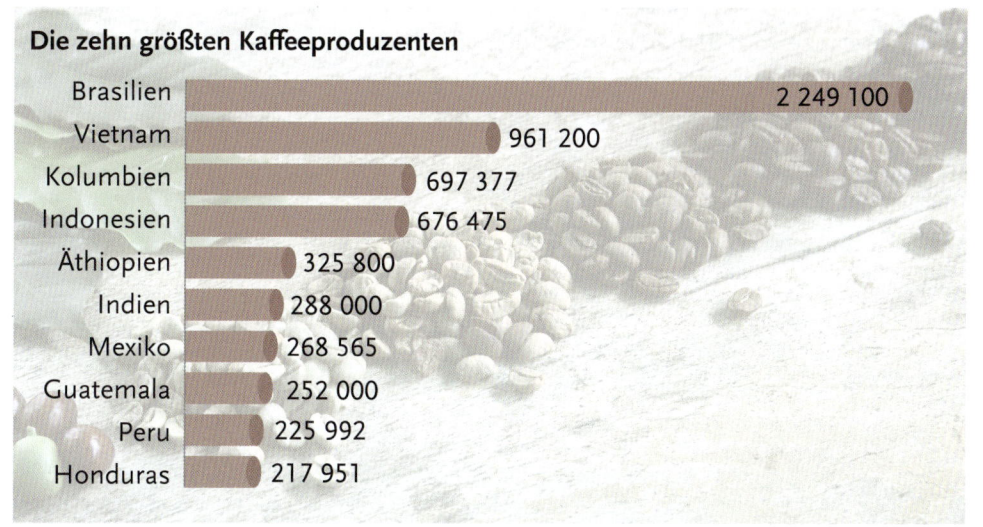

Diese zehn Staaten produzieren 85,6 % der weltweiten Ernte von Kaffeebohnen. Die gesamte Weltproduktion liegt etwas über 120 Millionen Säcken (à 60 kg) pro Jahr. Davon entfallen etwa zwei Drittel auf die Sorte Arabica und ein Drittel auf die Sorte Robusta.

💡 Vietnam ist als ehemalige französische Kolonie zum Kaffeeproduzenten geworden und belieferte viele Jahre die ehemalige DDR mit Robusta-Kaffee.

🖩 Berechnen Sie den Prozentanteil der zehn Staaten an der Welternte in Tonnen und beziffern Sie auch die Sortenanteile in Tonnen.

🎯 Ziele erreicht? – „Kaffeeanbau"

1. Führen Sie die für die Kaffeepflanze nötigen Bedingungen je Rubrik an:

Geografische Bedingungen	Temperatur	Sonnenschein	Niederschläge	Wind	Boden

2. Ordnen Sie folgende Kaffeeanbauländer Kontinenten bzw. Teilen von Kontinenten zu (evtl. mithilfe eines Atlas): Brasilien, Sri Lanka, Mexiko, Neuguinea, Tansania, Madagaskar, Haiti, Kolumbien, Puerto Rico, Vietnam, Kenia, Honduras, Indien, Australien, Demokratische Republik Kongo, Jamaika, Ruanda, Kuba, Bolivien, Ecuador, Elfenbeinküste, Guatemala.

Mittelamerika und Karibik: _____

Südamerika: _____

Afrika: _____

Asien: _____

Ozeanien: _____

Kaffeeanbau

3. Beschreiben Sie die Entwicklung der Kaffeepflanze vom Samen zum Strauch oder Baum.

4. Beschriften Sie die nachfolgende Grafik.

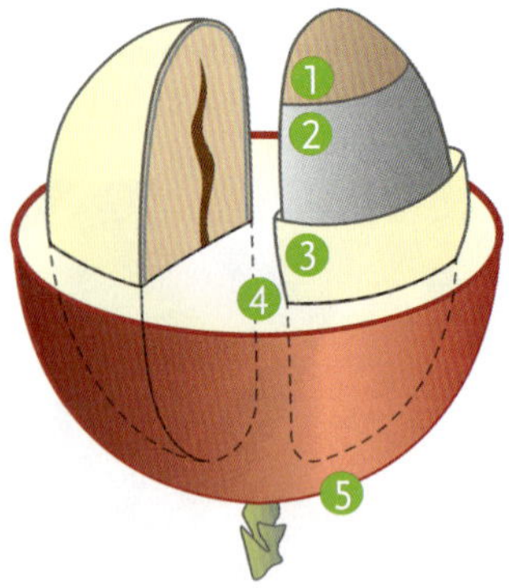

1 _____
2 _____
3 _____
4 _____
5 _____

5. Suchen Sie sechs typische Schädlinge und Krankheiten der Kaffeepflanze.

L	C	M	K	I	R	I	V	Q	Z	I	E	H	O
L	N	W	D	W	E	D	Y	J	V	O	G	J	G
A	R	E	R	H	O	B	H	C	S	R	I	K	G
F	W	R	H	Y	K	B	X	B	Z	J	Z	H	Z
T	Y	B	G	V	M	E	A	L	Y	K	I	I	N
T	S	F	M	F	N	W	P	A	R	F	K	B	N
A	N	T	W	C	H	S	D	T	O	G	T	W	L
L	H	J	T	P	M	S	C	T	H	R	Q	R	U
B	E	X	R	E	J	T	S	R	U	E	F	X	V
O	W	U	E	R	M	E	R	O	P	F	U	N	L
K	R	Y	M	A	Z	X	G	S	N	E	I	G	C
D	Z	U	V	D	W	A	V	T	S	A	O	S	G
T	I	E	H	K	N	A	R	K	E	K	L	E	W
O	V	R	E	C	P	R	Y	O	K	K	I	X	G

6. Ergänzen Sie sinnvoll:

Kaffee aus Bioanbau bzw. Fair Trade ist _____ freundlicher und _____ verträglicher. Die entsprechenden Bezeichnungen dürfen nur verwendet werden, wenn die Bearbeitung von anerkannten Organisationen _____ und _____ wurde. Für Biokaffee dürfen keine _____ , _____ und auch keine _____ verwendet werden.

7. Wie heißen die drei Bezeichnungen für die beiden wichtigsten Kaffeesorten?

_____
_____

Ziele erreicht?

8. Vervollständigen Sie die Übersicht:

Tieflandkaffee, Robusta	Hochlandkaffee, Arabica
Robusta bevorzugt Höhenlagen zwischen _____. Die Pflanze ist _____ sowie _____ in Bezug auf Bodenverhältnisse. Sie wächst _____, blüht _____ und bringt daher _____ Ertrag als Arabicas.	Coffea arabica bevorzugt Höhenlagen zwischen _____. Die Früchte reifen _____ und der Ertrag ist _____.
Unterarten sind:	Unterarten sind:
Die Bohne kann ich folgendermaßen zeichnen:	Die Bohne kann ich folgendermaßen zeichnen:
Robusta ist rauer im Geschmack und wird als _____ empfunden.	Arabica schmeckt milder und _____ reicher mit feiner _____ und höherem _____. Deshalb ist er _____.
Vorteile/Verwendung:	Vorteile/Verwendung:
Koffeingehalt im Rohkaffee:	Koffeingehalt im Rohkaffee:
Anbau in _____	Anbau in _____

9. Nennen Sie die fünf größten Kaffeeproduktionsländer der Erde (beginnend mit dem wichtigsten):

1. _____
2. _____
3. _____
4. _____
5. _____

Ernte und Aufbereitung

Die Sorgfalt bei der Ernte ist ein wichtiger Schritt zu guter Rohkaffeequalität. Und wie bei allen Früchten ist die beste, jedoch auch teuerste Erntemethode die von Hand getätigte.

Jede weitere Bearbeitung bis zum konsumfertigen Kaffee wird als Aufbereitung bezeichnet und kann je nach Endprodukt, vom Bohnenkaffee bis zum Instantkaffee, sehr verschieden ausfallen.

💡 Die Qualitätssicherungskriterien bei der Kaffeeernte und Verarbeitung für Gourmet- und Spezialitätenkaffees sind die sorgfältige Trennung der reifen von unreifen und überreifen Früchten sowie eine fehlerlose Verarbeitung.

 Meine Ziele

Nach Bearbeitung dieses Kapitels kann ich
- über Erntezeiten Auskunft geben;
- verschiedene Erntemethoden beschreiben;
- die trockene, halbtrockene und nasse Kaffeeaufbereitung definieren;
- einige Kaffeefehler aufzählen;
- über die Klassifizierung von Kaffee berichten;
- die erste sensorische Prüfung wiedergeben;
- weltweit Produktionsländer angeben und sagen, welche Kaffeesorten mit welchen Geschmacksinhalten sie produzieren.

1 Ernte

Katrin überlegt, wie die Kaffeebohnen aus den roten Kaffeekirschen gelöst werden. Sie kann sich außerdem die Ernte der nach und nach reifenden Früchte nicht vorstellen.

1.1 Erntezeiten

Für die Erntezeiten sind beim Kaffee vor allem zwei Faktoren maßgebend:
- Breitengrad und
- Anbauhöhe.

In Regionen **nördlich des Äquators** wird zumeist von September bis Dezember, **südlich** davon hauptsächlich von April/Mai bis August geerntet. Ausnahmen bilden Länder, die sich **direkt um den Äquator** gruppieren und in denen lokal- und höhenlagenbedingt das ganze Jahr über Kaffee produziert werden könnte. Meist werden in diesen Gebieten eine Haupt- und eine Nebenernte durchgeführt.

Erntezeiten in verschiedenen Kaffee produzierenden Ländern

Land	Kaffeesorte	Haupterntesaison
Mittelamerika und Karibik		
Costa Rica	Arabica	Oktober–März
Dominikanische Republik	Arabica	September–Februar
El Salvador	Arabica	November–April
Guatemala	Arabica	November–April
Haiti	Arabica	August–März
Honduras	Arabica	Oktober–März
Jamaika	Arabica	August–September
Kuba	Arabica	September–Jänner
Mexiko	Arabica	Oktober–März
Nicaragua	Arabica	November–März
Panama	Arabica	Oktober–Dezember
Trinidad & Tobago	Robusta	November–Februar
Südamerika		
Bolivien	Arabica	April–August
Brasilien	Arabica Robusta (Conillon)	Juni–Oktober April–Juni
Ecuador	Arabica Robusta	Juni–Oktober Juni–Oktober
Kolumbien	Arabica	Oktober–März
Paraguay	Arabica	Juni–September
Peru	Arabica	April–Oktober
Venezuela	Arabica	Oktober–Jänner
Afrika		
Äquatorial-Guinea	Robusta	März–Mai
Äthiopien	Arabica	Oktober–März

💡 Der Ertrag einer Nebenernte ist qualitativ gleich, fällt jedoch meist von der Menge geringer aus.

Kaffeepreisentwicklung seit 2006

Rohkaffee-Durchschnittspreis US-Cent pro amerikanischem Pfund (etwa 454 g) – Juni-Wert

'06 '07 '08 '09 '10

88,6 – 107,0 – 130,5 – 119,1 – 153,4*

*27. Juli

💡 Missernten beim Kaffeeanbau sorgen für eine bis zu 30-%-Steigerung bei den Rohkaffeepreisen! Da der Kaffeekonsum weltweit zunimmt, steigt die Sensibilität an den Rohstoffbörsen, z. B. in New York, und Spekulanten verschärfen die Preisentwicklung.

Ernte und Aufbereitung

Pflücker/in bei der selektiven händischen Ernte

Land	Kaffeesorte	Haupterntesaison
Afrika		
Angola	Robusta	Mai–September
Benin	Robusta	November–Februar
Burundi	Arabica	April–September
Elfenbeinküste	Robusta	November–April
Gabun	Robusta	Mai–September
Ghana	Robusta	Oktober–März
Kamerun	Arabica Robusta	Oktober–Dezember November–Jänner
Kenia	Arabica [1]	Oktober–März
Kongo, Republik	Robusta	September–Oktober
Kongo, Demokratische Republik	Arabica Robusta [1]	Dezember–Mai Oktober–März
Madagaskar	Robusta	Mai–Oktober
Malawi	Arabica	Juni–Oktober
Nigeria	Robusta	November–März
Ruanda	Arabica	April–August
Sambia	Arabica	Juni–Oktober
Sierra Leone	Robusta	Dezember–Februar
Simbabwe	Arabica	Juni–September
Tansania	Arabica Robusta	August–Dezember Juni–November
Togo	Robusta	November–Februar
Uganda	Arabica Robusta [1]	Oktober–Jänner November–Februar
Zentralafrikanische Republik	Robusta	November–März
Asien und Ozeanien		
Indien	Arabica Robusta	Oktober–Februar November–März
Indonesien	Arabica Robusta	Oktober–Mai Mai–September
Papua-Neuguinea	Arabica Robusta	Mai–Oktober Dezember–März
Philippinen	Robusta	Dezember–März
Sri Lanka	Robusta	September–Jänner
Thailand	Robusta	Oktober–April
Vietnam	Robusta	Oktober–April

[1] Hauptsaison, aber geerntet wird das ganze Jahr

Quellen: ICO und Handel

⚠️ Werden **unreife Früchte** weiterverarbeitet, geben sie das, was sich entwickelt hat, nämlich unausgereifte Säuren und wenig Kaffeegeschmack, an die Bohnen bzw. an das Endprodukt weiter. Werden **überreife Kirschen** geerntet, können bereits Fäulnis, Insekten- und Schimmelbefall auftreten, die das Endprodukt negativ beeinflussen.

1.2 Erntemethoden

Grundsätzlich werden drei verschiedene Erntemethoden unterschieden, wobei deren Anwendung von den landschaftlichen Gegebenheiten und dem Qualitätsanspruch abhängt.

1 Ernte

Selektive Handpflückung (hand picking, picking)

Bei dieser Methode findet die Selektion (Auslese) am Strauch statt. Kaffee wird auch heute noch großteils von Hand gepflückt. Die selektive Handpflückung ist die aufwendigste, zeitintensivste, aber **beste Methode,** Qualitätskaffee zu erzielen.

Da nicht alle Früchte gleichzeitig reifen, werden in mehreren Durchgängen, in Abständen von zehn Tagen immer nur die reifen, tiefroten Früchte geerntet. Diese arbeitsaufwendige Erntemethode wird vorwiegend für die sogenannten gewaschenen („nass" aufbereiteten) Kaffees, speziell für den Arabica-Kaffee, angewandt.

Eine Pflückerin bzw. ein Pflücker erntet an einem Tag 60 bis 90 kg Kirschen, woraus 10 bis 20 kg Rohkaffee gewonnen werden.

Berechnen Sie, wie viele Tage eine Pflückerin oder ein Pflücker bei der Ernte für einen Sack Rohkaffee (à 60 kg) braucht.

Abstreifmethode (strip picking, stripping)

Sobald ein durchschnittliches Reifestadium in einer Plantage erreicht ist, werden die Früchte manuell, also per Hand, von den Zweigen gestreift, unabhängig vom unterschiedlichen Reifegrad. Die Früchte fallen dann direkt auf den Boden oder auf ausgebreitete Tücher.

> Mit den reifen Früchten werden auch unreife und überreife (bereits fermentierte) Früchte, aber auch Zweige und Blätter abgestreift, die anschließend aussortiert werden. Überreife Früchte können eine Gärung des Fruchtfleisches hervorrufen und führen in weiterer Folge zu einem unangenehmen Geruch beim Rohkaffee. Solche „Stinkerbohnen" können große Mengen guter Bohnen verderben.

Diese Art zu ernten wird vorwiegend für Robustas sowie für brasilianische und äthiopische Arabicas, die trocken aufbereitet werden, angewendet.

Wussten Sie, dass ... man die Abstreifmethode auch als „Melken" bezeichnet?

Maschinelle Ernte

Geländeform und Bepflanzung der Plantagen machen den Einsatz von Erntemaschinen in den meisten Ländern unmöglich. Nur in flachen Gebieten kann auch eine kostengünstigere Ernte mit Maschinen durchgeführt werden.

> Beispielsweise werden in den großen Kaffeefarmen **Brasiliens** Erntemaschinen eingesetzt, die auf mechanischem Wege die Äste der Kaffeebäume kämmen, sodass die Kirschen auf einen Sammler fallen.

Vor ihrer Weiterverarbeitung müssen die maschinell geernteten Kaffeekirschen, wie auch bei der Stripping-Methode, von unreifen und überreifen Früchten, losem Schmutz, Steinchen, Blättern und Zweigteilen befreit werden. Die Qualität der Ernte entspricht der Stripping-Methode.

Abtransport

Die frisch geernteten Kaffeekirschen sind nur eine äußerst kurze Zeit lagerfähig und müssen so schnell wie möglich der weiteren Verarbeitung zugeführt werden. Daher befinden sich die Aufbereitungsanlagen meist direkt auf den Plantagen. Kleinbäuerinnen und -bauern bringen ihre Ernte zur Verarbeitung zu Kooperativen.

Kooperative = Genossenschaft, Zusammenschluss für einen gemeinsamen Zweck.

⚠️ **Es dürfen nur reife Kaffeekirschen verarbeitet werden.** Werden die Früchte reif geerntet, weisen die Kaffeekirschen einen fruchtigen, aromatischen, leicht süßlichen Geschmack auf, der sich auf die Bohnen überträgt.

Ernteerträge

Im Weltdurchschnitt liegt der Ertrag je Hektar bei rund 680 kg Kaffee. Die Spannweite reicht von 33 kg in Angola, über 169 kg in der Elfenbeinküste, 425 kg in Mexiko, 820 kg in Kolumbien, 1 010 kg in Brasilien, 1 465 kg in Vietnam bis hin zu 1 620 kg in Costa Rica. Im brasilianischen Bundesstaat Bahia sind neue Plantagen angelegt worden, auf denen 4 200 kg je Hektar geerntet werden können.

> Um einen Sack Rohkaffee zu 60 Kilogramm zu füllen, müssen beispielsweise rund 100 gut tragende Arabica-Sträucher abgeerntet werden.

2 Aufbereitung

Katrin diskutiert mit ihren Kolleginnen und Kollegen, was alles von der Kaffeekirsche bis zum transportfähigen Sack Rohkaffee passiert.

Um einen lager- und marktfähigen Kaffee herzustellen, müssen die Bohnen von den sie umgebenden Schichten befreit werden.

Nach der Ernte gelangen also die Früchte umgehend zur Aufbereitungsanlage, wo nach mehreren Verarbeitungsschritten der Rohkaffee für den Export gewonnen wird.

Um handelsfertigen Kaffee zu erhalten, werden drei Methoden angewendet

- **Trockene Aufbereitung**
  Ungewaschener Kaffee

- **Nasse Aufbereitung**
  Gewaschener Kaffee

- **Halbtrockene Aufbereitung**
  Halbgewaschener Kaffee

Getrocknete Pergaminos

2.1 Trockene Aufbereitung (unwashed, natural coffee, naturals)

Die trockene Aufbereitung ist das einfachste und älteste Verfahren und wird überall dort angewendet, wo zur Erntezeit eher trockenes und warmes Klima vorherrscht bzw. unzureichende Wasservorräte vorhanden sind.

Vorgang der trockenen Aufbereitung

Die **sortierten** und **gereinigten** Früchte werden auf großen Flächen (gestampfter Erde, Beton, Trockentischen – sogenannten Trockenhorden u. Ä.) in dünnen Schichten ausgebreitet und etwa drei Wochen in der Sonne **getrocknet,** bis die Kaffeebohnen in ihrer Hülse rasseln. Die Restfeuchte beträgt dann etwa 12 %. Während der Trocknung werden die Früchte immer wieder gewendet, aber auch mit Planen vor Regen geschützt. Nach der Trocknung werden die Früchte entweder bis zur Weiterverarbeitung in Säcken gelagert oder sofort **geschält.**

Das Enthülsen erfolgt mittels Schälmaschinen, wobei das vertrocknete Fruchtfleisch, die dünne hellgelbe Pergamenthaut (Hornschale) und die Silberhäutchen, die jede einzelne Bohne umschließen, entfernt werden.

Wenden der Kaffeekirschen auf einer Trockenfläche in Brasilien

Eine maschinelle Schnelltrocknung ist möglich, aber sehr teuer und aufwendig.

Sorgfältig trocken aufbereitete **Arabicas** (vor allem westafrikanische, brasilianische, indonesische und teilweise äthiopische) sind milder als gewaschene. Fast alle **Robustas** werden mit wenigen Ausnahmen trocken aufbereitet. Die **Farbe** des trocken aufbereiteten Rohkaffees ist bei Arabicas grüngelb, die der Robustas grünbraun bzw. gelbbraun.

Manchmal werden die Früchte auch im Schatten unter Netzen getrocknet, um den Prozess der Fermentation schonend und homogen durchzuführen.

2.2 Nasse Aufbereitung (washed coffee)

Dieses aufwendigere Verfahren wird in Ländern mit ausreichender Wasserversorgung durchgeführt, denn man benötigt 130 bis 150 Liter Wasser (vorzugsweise klares Quellwasser) für ein Kilogramm marktfertigen Rohkaffee, oder in jenen Ländern, die durch das eher regnerische Klima nicht trocken aufbereiten können.

Entpulper = Maschine zum Entfernen des Fruchtfleisches der Kaffeekirsche von den Bohnen (Samen). Pulpa heißt im lateinischen das Fruchtfleisch.

Vorgang der nassen Aufbereitung

Nach dem **Aussortieren, Reinigen** und **Quellenlassen** der Kaffeekirschen in Wasser werden die Früchte durch Schwemmkanäle zum Entpulper, einer Maschine mit rotierenden Scheiben und fester Klinge, geleitet. Dort werden die Früchte gequetscht, Schale sowie lockeres Fruchtfleisch entfernt und somit die Bohnen unbeschädigt freigelegt.

Der Großteil des **Fruchtfleisches** wird dabei **weggeschwemmt.** Nach dem Pulpen kommen die Kaffeebohnen ein bis zwei Tage zur **Fermentation** in große Wasserbecken. Bei diesem Gärprozess wird auch das restliche Fruchtfleisch (Schleimschicht, Mucilage) gelöst. Danach werden die Bohnen so lange gewaschen, bis sie von den letzten Fruchtfleischresten befreit sind. Die Bohnen sind nur mehr vom Silberhäutchen und der Hornschale, dem sogenannten Pergamino, geschützt.

Die **Pergaminos** werden in weiterer Folge entweder einige Tage in der Sonne oder mit Heißluft innerhalb einiger Stunden **getrocknet** und anschließend in gut durchlüfteten Speichern zur Stabilisierung der Restfeuchtigkeit gelagert.

Danach werden sie in **Schälmaschinen** von der Pergamenthülse und dem Silberhäutchen befreit, sortiert und in Säcke abgepackt.

Entpulpen mit Handpulper

Die Fermentation ist ein wichtiger Schritt bei der Kaffeeproduktion und hat wesentlichen Einfluss auf die Geschmacksbildung der Kaffeebohnen.

Ernte und Aufbereitung

💡 Bei der Verarbeitung von unreifen, überreifen sowie überfermentierten Bohnen können Qualitätseinbußen entstehen.

> **Wussten Sie, dass …**
> die nasse Aufbereitung bereits 1740 von den Niederländern entwickelt wurde?

💡 Die nasse Aufbereitung ist aromaschonender als andere Methoden.

Pergaminos

Nach dem Rösten erkennt man gewaschene Kaffeesorten am feinen Geschmack und edlen Aroma

Nasse Aufbereitung

1 Sortieren im Wasser	2 Entpulpen im Trommelpulper	3 Fermentation der Bohnen
4 Transport der Bohnen im Frischwasser	5 Pergaminos	6 Trocknen von Pergaminokaffee

Geschmacklich unterscheiden sich sorgfältig gewaschene Kaffees durch einen höheren Säureanteil, durch stärker ausgeprägte Aromavielfalt und ihre gleichmäßigere Qualität.

Die nasse Aufbereitung wird vor allem in den Ländern Mexiko und Kolumbien, Kenia und Tansania durchgeführt und ist auch in Indien weitverbreitet.

> **Eine völlig neue Aufbereitung namens „Pulped natural coffee"**
> **(reprocessed raisins)**
> Dafür werden die Kirschen bis zu einem rosinenartigen, gerade noch weichen Zustand getrocknet und anschließend gepulpt. Diese Kaffeeaufbereitung ist aber noch nicht weitverbreitet.

Gewaschene Arabicas weisen eine grünblaue Farbe und geringfügig helle Häutchenreste auf, wohingegen Robustas eine grüngelbe, leicht bräunliche Färbung mit mehr Häutchenresten haben.

2.3 Halbtrockene Aufbereitung (semi-dried/semi-washed coffee)

In einigen Produktionsländern (z. B. Brasilien oder in Zentralamerika) wird eine Kombination aus beiden Aufbereitungsverfahren eingesetzt.

Vorgang der halbtrockenen Aufbereitung

Die Kirschen werden **gewaschen** und **vorsortiert,** anschließend **entpulpt** wie bei der nassen Aufbereitung und **zum Teil entschleimt.**

Die Fermentationsphase wird somit umgangen und die freigelegten Bohnen entweder in der Sonne oder in Trockenapparaten **getrocknet,** um die verbleibenden Schleimschichtreste (Mucilage) zu entfernen.

Anschließend werden die Pergaminos **von Hornschicht** und **Silberhäutchen befreit.**

 Diese Aufbereitung benötigt im Vergleich zum nassen Verfahren weniger Wasser und führt somit zu Einsparungen.

Folientunnel schützen vor Regen

Dieser Kaffee weist eine geringere Säure als gewaschener Kaffee auf und ist daher milder.

2.4 Reinigen und Sortieren

Im Anschluss an die Aufbereitung der Kaffeebohnen erfolgt das Sieben nach Größen und Handelsklassen sowie das Aussortieren von Verunreinigungen und Ausschussbohnen durch Sieb- und Gebläseeinrichtungen oder auch manuell.

Kaffeefehler

Mängel, die zur Bewertung von Rohkaffeequalitäten herangezogen werden	
Grüne, unreife Bohnen	Die Zellwände (faltige Oberfläche) und die innere Struktur sind nicht voll entwickelt. Sie rösten langsamer, schmecken bitter, astringierend, metallisch, medizinisch und weisen kaum Kaffeearomen auf.
Gegärte Bohnen Stinkerbohnen	Überfermentation ist optisch nicht sichtbar. Sie entsteht bei zu langer Fermentation, wenn z. B. die Früchte im Entpulper stecken bleiben oder zu lange im Wasser liegen bzw. wenn das Wasser schlecht recycelt wird und es dadurch zu einer Vermehrung an Mikroorganismen kommt. Stinkerbohnen beeinträchtigen die gesamte Kaffeecharge.
Bruch	Gebrochene Bohnen entstehen durch den mechanischen Vorgang beim Pulpen bzw. können stark getrocknete Früchte beim Schälen leichter brechen. Diese Fragmente führen zu ungleicher Röstung, mehr Bitterkeit und weniger Säure.
Ohren (shells)	Sie entstehen beim Pulpen oder Abschälen der Pergamentschichte. Die Röstung wird dadurch ungleich und die Halbschalen weisen mehr Bitterkeit und weniger Säure auf.

Das Sortieren kann entweder manuell oder maschinell durchgeführt werden

Charge = Menge, Produktion.

Vor allem Maragogype-Bohnen sind poröse Bohnen.

Holzstückchen und Steinchen	Werden als Einwurf bezeichnet und kommen bei schlechter Sortierung vor.
Weiße, verblühte Bohnen	Sie sind hell, runzelig, unterentwickelt, sehr leicht und entstehen bei Nährstoffmangel der Pflanze.
Schwarze Bohnen	Sie stammen von überreifen Früchten, die am Boden von Pilzen bzw. Schimmel befallen wurden. Die Bohnen sind teilweise schwarz. Sie rösten langsam, schmecken aschig-herb und haben keine Säure.
Bohnen mit Häutchenresten	Beim Schälvorgang bleiben manchmal Pergamentreste an den Bohnen zurück. Dies führt zu keiner spezifischen Geschmacksveränderung.
Schalenstücke	Schlechtes Trennen der trockenen Außenhülle nach dem Schälvorgang führt bei Feuchtigkeit zu faulem Geschmack.
Rio-Bohnen Minas-Bohnen	Sie entstehen, wenn überreife Kirschen am Baum oder auf der Erde durch Mikroorganismen oder der Chemikalie Trichloranisol kontaminiert werden (gleiche Ursache wie beim Korkgeschmack beim Wein). Der Kaffee schmeckt nach dem Rösten bzw. Aufbrühen medizinisch, nach Jod, korkig, ähnlich verbranntem Gummi.

Kontaminiert = verunreinigt.

Diese angeführten Mängel haben nicht nur Einfluss auf die Qualität der Bohnen, sondern selbstverständlich auch auf den Geschmack des Kaffeegetränkes.

Klassifizierung

Die Bewertung erfolgt je nach Herkunftsland unterschiedlich. Die Bohnen können nach
- Sorte,
- Form,
- Größe/Siebgröße,
- Menge an Fehlbohnen (deformiert, gebrochen),
- Fremdkörpern (Steinchen, Holzstücke, Schalen),
- Farbe,
- Höhenlage (in Mittelamerika),
- Plantagenbezeichnung,
- Alter der Ernte oder
- geschmacklichen Eigenschaften (Tassenqualität)

klassifiziert werden.

Beispiele für ländertypische Angaben nach Bohnengröße
In nachfolgender Tabelle sind die handelsüblichen Qualitätsbezeichnungen für Arabica-Rohkaffee der verschiedenen Herkunftsländer einander gegenübergestellt. Die Angaben beziehen sich auf den **Umfang der Bohnen (Breite),** nicht auf deren Länge.

Sortiermaschine für Rohkaffee

1 In 1/64 Inch (2,54 cm : 64) angegebene Lochgröße der Siebe („Screen") wie z. B. in Brasilien. (Screen 16 = Lochgröße 16/64 Inch = 6,35 Millimeter)
2 In Millimeter ausgedrückte Größe in Deutschland.
3/4 Die englischen und deutschen Wortbeschreibungen für Brasilkaffee.
5 Die Klassifizierung in Indien und Ostafrika nach Buchstaben.
6 Die angewendeten Handelsbezeichnungen in Mittelamerika und Mexiko.
7 Die englische Unterteilung in Flach- und Perlbohnen nach nummerierten Klassen.

> Industriekaffee hat oft einen schlechteren Screenwert und daher einen entsprechend hohen Defektanteil.

Länderspezifische Klassifizierung						
1	2	3	4	5	6	7
Bohnengröße	Sieb mm					
20	7,95/8	very large bean	sehr großbohnig			
19,5	7,75/7½					
19	7,54/7½	extra large bean	besonders großbohnig	AA		
18,5	7,35/7½					
18	7,14/7	large bean	großbohnig	A	Superior	1st Flats
17	6,75/6½	bold bean	derbbohnig			
16	6,35/6½	good bean	gutbohnig	B	Primera	2nd Flats
15	6,95/6	medium bean	mittelbohnig			
14	5,56/5½	small bean	kleinbohnig	C	Tercera	3rd Flats
13	5,16/5½				Caracol	1st Peaberries
12	4,76/5					
11	4,30/4½	Peaberry	Perl(bohne)	PB	Caracol	2nd Peaberries
10	3,97/4					
9	3,57/3½				Caracolito	3rd Peaberries
8	3,17/3					

 Für Robusta-Kaffee wird statt den Buchstaben AA – A – B – C die Bezeichnung I – II – III verwendet.

Als Perlbohnen werden jene Samen bezeichnet, die alleine statt zu zweit in einer Kaffeekirsche sitzen. Sie werden auch Caracolito oder Caracolillo (Schneckchen) genannt und als eigene Gruppe gehandelt. Siehe auch S. 17.

Angaben nach Mängeln („New Yorker Standardtypen")
Mit diesem System erfolgt die Angabe an fehlerhaften Bohnen und Verunreinigungen in einer bestimmten Menge Kaffee.

Die Zuordnung kann von NY 1 (extra special – maximal sechs fehlerhaften Stücken pro Kilogramm) bis NY 8 (ordinary – bis zu 100 fehlerhaften Stücken) erfolgen.

Angaben nach der Farbigkeit
Die Farbe der Bohnen kann Hinweise auf das Alter des Rohkaffees geben (z. B. bei frisch geernteten und gewaschenen Arabicas ist die Farbe bläulich grün). Nach langer Lagerung werden die alten Ernten blasser.

Angaben nach Höhenlagen
Mittelamerikanische Anbauländer qualifizieren den Kaffee nach der Höhenlage der Anbaugebiete in Verbindung mit weiteren Qualitätsbezeichnungen. Auch die Plantagenbezeichnung (Tarrazú, Guadeloupe) ist zu berücksichtigen.

Beurteilung des Bohnenbildes

Ernte und Aufbereitung

💡 Hochlandkaffee aus Costa Rica trägt z. B. die Bezeichnung SHB (sehr harte Bohne), was bedeutet, dass er zu den Spitzenprodukten zählt.

Klassifizierung nach Höhenlagen		
Atlantic	Low Grown Atlantic **LGA**	600 bis 900 Meter über dem Meeresspiegel
	High Grown Atlantic **HGA**	900 bis 1 400 Meter ü. d. M.
Meseta Central	Hard Bean **HB**	1 000 bis 1 300 Meter ü. d. M.
	Strictly Hard Bean **SHB**	1 300 bis 1 600 Meter ü. d. M.
	Strictly High Grown **SHG**	um 2 000 Meter ü. d. M.

Angaben nach dem Alter der Ernte

Teilweise wird hierfür auch der Erntezeitraum angegeben.

New Crop	Kürzlich erfolgte Ernte (junge Ernte)
Old Crop	Vorhergehende Ernte (ältere Ernte)

2.5 Sensorische Prüfung im Erzeugerland

Organoleptisch = die Sinne beeinflussend.

Zur Beurteilung des Geruchs und des Geschmacks von Kaffee hat sich die organoleptische Prüfung bestens bewährt. Noch vor Ort wird von Experten der Kaffee zwecks Qualitäts- und Preisbestimmung beurteilt.

Rohkaffee wird mit Augen und Nase geprüft!

- Die **Farbe** variiert von bläulich grün, grünlich, gelblich, hellbraun bis abgeblasst (je länger gelagert, umso blasser) bzw. „monsoonwashed".

- Die **Form** kann gleichmäßig, fast gleichmäßig oder ungleichmäßig sein und die Größe geht von groß über mittelgroß bis klein.

- Als optische Fehler gelten Flecken (Wasserschäden), Reste vom Silberhäutchen, Insektenschäden (z. B. Fraß), sogenannte Ohren.

- Frischer Rohkaffee ähnelt im Geruch dem von getrockneten Hülsenfrüchten.

- Überlagerter Kaffee bekommt in der Regel eine strohige Note.

- Muffiger Geruch weist auf Feuchtigkeitsschäden hin, ein fauler, säuerlicher Geruch auf eine bestimmte Menge überfermentierter Bohnen.

Rohkaffeeprüfer

Um den **Geschmack** zu beurteilen, wird eine Rohkaffeeprobe entnommen und mit einem kleinen Proberöster geröstet.

Der geröstete Kaffee wird gemahlen und zur Verkostung als Aufguss oder Espresso zubereitet. Der Kaffee wird abgekühlt, schwarz und ohne Zucker mit einem rundlichen, tieferen Löffel (gouté-café) verkostet. Das Tasting läuft weltweit gleich ab.

Der Kaffee wird vom Löffel geschlürft und gelangt dadurch wie gesprüht in den ganzen Mundraum, bevor er wieder ausgespuckt wird. Bewertet werden Aussehen, Aroma, Säure und Geschmacksfülle des Getränkes (siehe auch Kaffeeverkostung/ Cupping Seite 113 ff.).

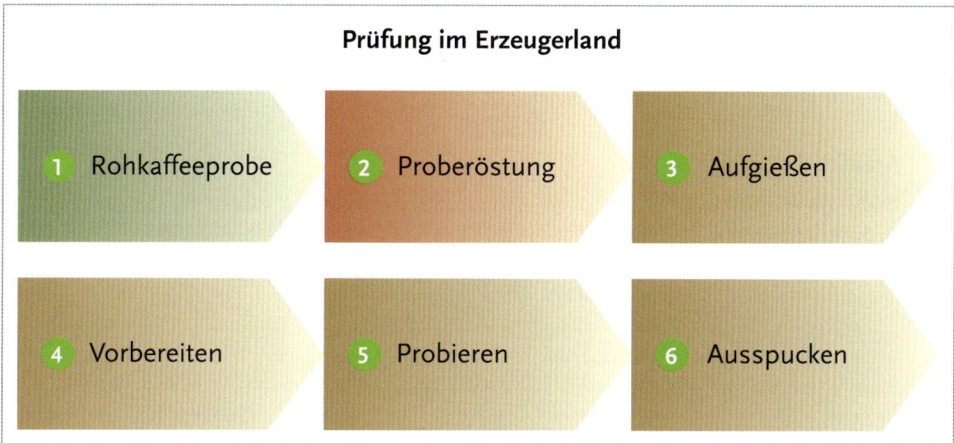

Sobald die exportfähige Menge des Rohkaffees und dessen Qualität feststeht, verschickt die Verkäuferin oder der Verkäufer Warenmuster an potenzielle Käufer bzw. Käuferinnen mit einer Beschreibung sowie meist mit einer Preisvorstellung. Wird man sich handelseinig, wird der Kaffee verladen und per Schiff in die Verbraucherländer transportiert.

Voraussetzung für die Prüfung und Einschätzung eines Kaffees ist aber das Wissen über verschiedene Anbauländer, deren Anbaugebiete und über die Vielfalt der angebotenen Geschmacksrichtungen.

Welche Länder sind Hauptabnehmer von Kaffee?
Dies wird anhand des jährlichen Pro-Kopf-Verbrauchs deutlich:

Land	Verbrauch in Tassen
Finnland	1459
Schweden	1117
Holland	1071
Norwegen	1051
Dänemark	982
Österreich	850
Italien	795
Frankreich	735
Deutschland	731
Belgien/Luxemburg	724
Malta	649
Puerto Rico	619
Gibraltar	568
Griechenland	558
Israel	557
Australien	463
Kanada	450

3 Kaffeesorten aus den Regionen

Robert war bei seinem letzten Urlaub in Afrika, und zwar genau in Kenia. Während seiner Rundreise hat er viele verschiedene Kaffees genossen. Seither weiß er, dass es bei den Kaffeeanbaugebieten gravierende Unterschiede gibt und auch innerhalb eines Landes einzelne Regionen zu differenzieren sind.

Jeder Kaffee schmeckt anders – genau so unterschiedlich wie die Länder, aus denen er stammt. Nur wenige Kaffeetrinker/innen bestehen auf sortenreine Produkte. Die meisten Kaffees sind Mischungen und jeder sollte Kaffee kaufen, der ihm am besten zusagt.

Aber auch um Mischungen besser einschätzen zu können, ist es nötig, typische Eigenschaften von Kaffees aus beteiligten Produktionsländern zu kennen. Nur so kann der Gast optimal beraten und zu seiner Zufriedenheit betreut werden. Idealerweise sollten die angebotenen Kaffees an die Stammkundschaft bzw. die Zielgruppe angepasst eingekauft werden.

Ernte und Aufbereitung

3.1 Die wichtigsten Produktionsländer in Afrika und Arabien

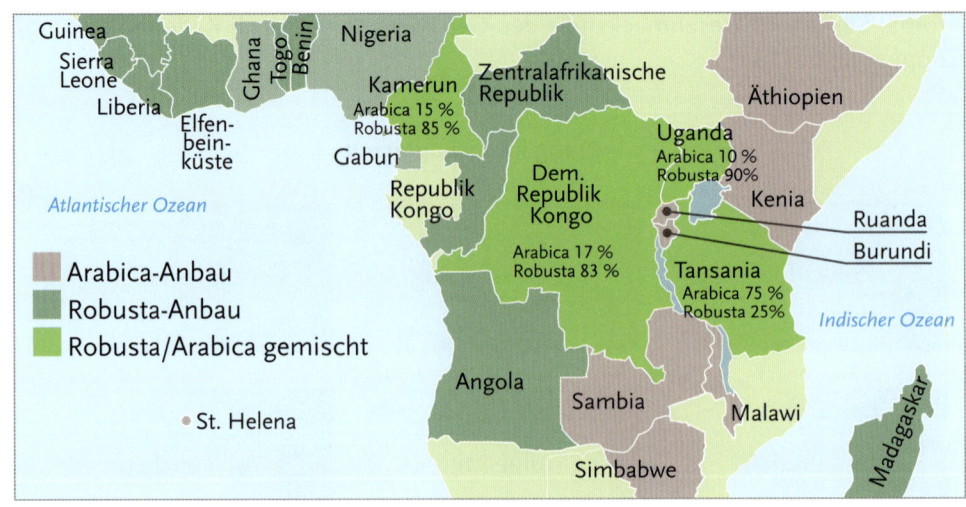

Quellen: ICO und Handel

Äthiopien

Äthiopien ist von allen afrikanischen Staaten der Hauptexporteur von Arabicas.

Im Geburtsland der Kaffeepflanze wird auch heute noch ein besonderes Gewächs gezüchtet: die Hochlandbohne. Etwa 50 % der Kaffeeproduktion kommen aus Höhenlagen über 1 500 Metern. Die Bohnen weisen zwar weniger Körper auf, überzeugen jedoch mit feinem Duft und einem dezenten Aroma sowie mit elegant ausgewogener bis kräftiger Säure.

Harrar zählt zu den höchstgelegenen Anbaugebieten. Die Produktion wird in „Shortberry" und „Longberry" unterteilt, wobei letztere die begehrtere Sorte ist. **Yirgacheffe** aus dem Gebiet Sidamo hat vermutlich die härtesten Bohnen und eine unvergleichliche Qualität.

Die „Washed Ethiopias" betragen etwa 25 % und stammen aus den Regionen Yirgacheffe, Sidamo, Limmu und Bebeka. Trocken aufbereitete Sorten kommen aus Harrar, Lekempti, Djimmah sowie aus Sidamo und werden auch unter der Bezeichnung „Mocha" vermarktet. Äthiopischer Waldkaffee und Geisha sind als besondere Raritäten weltbekannt (siehe auch S. 56).

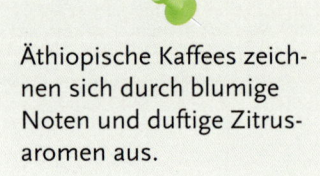
Äthiopien

Äthiopische Kaffees zeichnen sich durch blumige Noten und duftige Zitrusaromen aus.

Elfenbeinküste

Die Elfenbeinküste erzeugt zwar keinen Spitzenkaffee, liegt jedoch bei der Jahresernte von Robusta-Kaffee (ungewaschen) nach Indonesien an zweiter Stelle.

Kenia

Die Anbaugebiete liegen in Höhenlagen zwischen 1 400 und 2 000 Metern am Mount Kenia und am Mount Elgon. Die Kaffees zählen in Afrika, trotz leichter Qualitätseinbußen in den letzten Jahren, immer noch zur Spitze.

Der Kaffee weist gutes Körpervolumen auf und ist fruchtig, etwas herb, mit erdigen Untertönen. Die Säure wirkt dominant, trotzdem bleibt die Balance gewahrt.

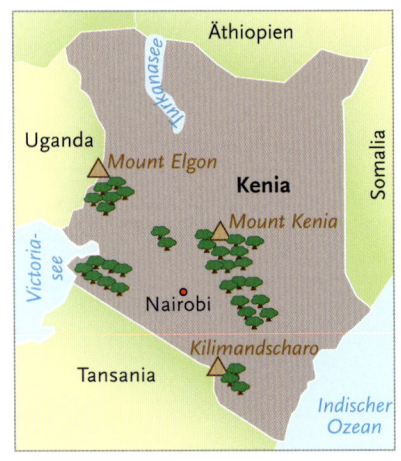
Kenia

Peaberry gilt als Spitzenkaffee aus Kenia.

Die gewaschenen Arabicas werden sorgfältig klassifiziert und in Handelsklassen wie PB (Peaberry/Perlbohne), AA-Plus-Plus, AA-Plus, AA, AB usw. eingeteilt.

Ruanda

In Äquatornähe wachsen die Kaffeebäume sehr schnell. Daher zeigt die Bohne einen vollen, fast fetten Körper, aber nur wenig Säure, das ergibt einen runden, weichen Geschmack.

Aus **Maraba** kommt einer der besten Arabicas mit geringer Säure, vollem Aroma und kräftigem Körper.

Tansania

Hier entsteht ein mittelmäßig bis guter Kaffee, der viel zum Mischen benutzt wird. Er hat weniger Säure als der kenianische Nachbar, schmeckt fruchtig, süßlich. Die meisten Robusta-Bohnen werden im Westen des Viktoriasees angebaut und liefern aufgrund der Höhe von etwa 1 000 Metern gute Qualitäten.

Die besten Bohnen **„Chagga AA"** kommen aus der Gegend von Moshi am Kilimandscharo. Sie haben einen verführerisch würzigen Duft. Gute Arabicas werden auch zwischen dem Tanganjika- und dem Nyassasee erzeugt.

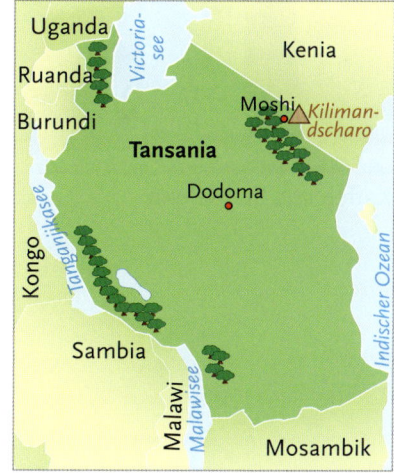
Tansania

Uganda

Uganda zählt zu den wichtigsten Anbauländern von Robusta-Kaffee, die auf dem Weltmarkt sehr begehrt sind und zum Großteil rund um den Viktoriasee in Höhen um etwa 1 000 Metern angebaut werden.

Die Arabica-Produktion ist von guter Qualität und hat einen Anteil von etwa 10 %. Gute Qualitäten sind z. B. **Bugishu AA** oder **Bugishu PB** (Perlbohne).

Kaffeebohnen aus Uganda

Madagaskar

Die Rohkaffeeproduktion besteht zum Großteil aus Robusta von guter Qualität, die vorwiegend nach Frankreich exportiert und für Mischungen verwendet wird.

Jemen

Jemen ist das einzige Land im arabischen Raum mit (geringem) Kaffee-Export. Vom südarabischen Hafen Al Mukha (Mocha) brachten vor etwa 400 Jahren Handelsschiffe erstmals Kaffee nach Europa.

Gepflanzt werden Arabica-Arten wie „Typica" und „Bourbon". Beste Qualitäten kommen aus **Mattari, Sharki** und **Sanani** im Zentralhochland (2000–2500 m). Kaffee wird noch wie in früheren Jahrhunderten trocken aufbereitet. Das zartduftige feine Aroma des Jemen-Mokkas ist sehr vielfältig. Es setzt sich zusammen aus einem gehaltvollen Körper, edler Säure und leichten Bitternoten, die auch an dunkle Schokolade erinnern.

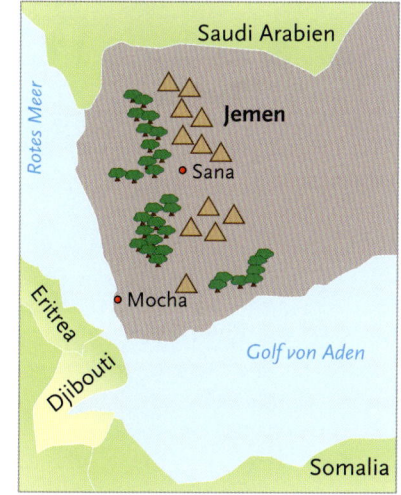
Jemen

Burundi

Beinahe der gesamte Kaffee, der in Burundi erzeugt wird, stammt von Arabica-Kirschen, die gewaschen aufbereitet werden.

Die Kaffeebäume in **Ngozi** werden in Höhenlagen über 1 200 Meter kultiviert. Der dort geerntete Kaffee zeichnet sich durch eine gehaltvolle Säure und ein sehr vollmundiges Aroma aus.

Ernte und Aufbereitung

Kaffee aus St. Helena

St. Helena

Schon Napoleon schätzte den Kaffee der südatlantischen Insel. Der Kaffee zählt zu den teuersten der Welt. Die Kultivierung der Pflanzen nach bio-organischen Richtlinien und die sorgfältige Aufbereitung erklären den hohen Preis.

3.2 Die wichtigsten Produktionsländer in Asien und Australien

In den asiatischen Anbauländern wird der Blütezeitpunkt der Kaffeesträucher durch den Monsun bestimmt.

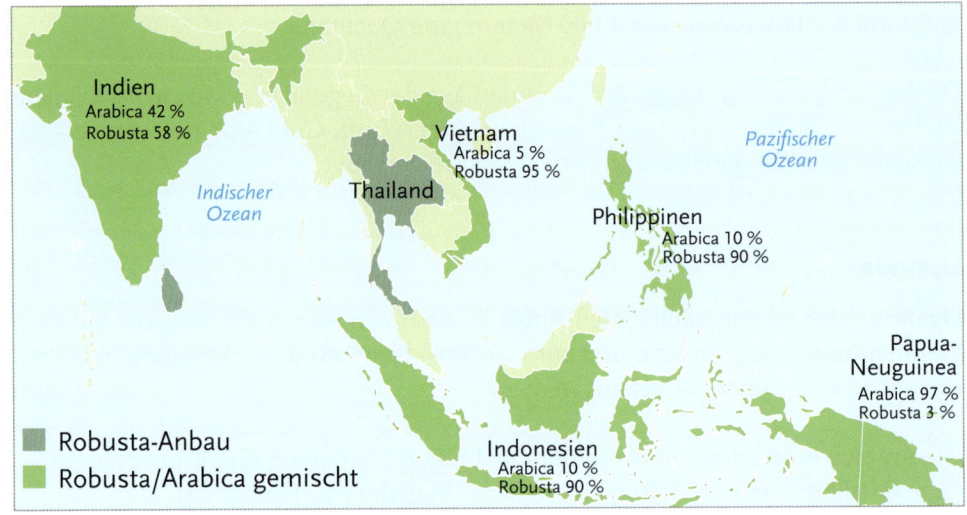

Quellen: ICO und Handel

Indonesien

Indonesien zählt zu den größten Kaffeeproduzenten der Welt. Der Robusta-Anteil an der Gesamtproduktion beträgt etwa 90 %. Indonesischer Kaffee ist im Allgemeinen recht kräftig und würzig, hat eine schwere Geschmacksfülle und eine dezente Säure.

Arabicas mit angenehmer Geschmacksvielfalt sind der **Mandheling** aus Sumatra, der **Celebes Kalossi** von Sulawesi und Sorten aus Java. Zu den Kuriositäten der Inseln zählen der **Kopi Luwak,** der **Worm Bitten Menados** und der in kleinen Holzfässern verpackte **Kopi Tongkonan** von der Volksgruppe der Toraja auf Sulawesi (siehe auch S. 57).

Indonesien

Sumatra

Bei diesem Kaffee fällt vor allem der betörende Duft auf. Der Körper ist nicht ganz so voll und üppig wie beim Java. Das ausgeprägte feinsäuerliche Aroma erhält durch die leichten Bitternoten ein elegantes Profil. Manchmal ist der Kaffee etwas unausgeglichen, jedoch vielseitig verwendbar – als Espressoröstung oder in der Mischung. Der **Aged Sumatra,** der erst nach dreijähriger Lagerung in den Verkauf kommt, ist säurearm mit leichter Süße.

Java

Die im tropischen Idealklima gereiften Javabohnen sind voll, rund und optisch sehr schön. Der Geschmack geht leicht ins Süßliche, weswegen man die Bohne gerne mit dem herben Jemen-Mokka und den trocken aufbereiteten Harrars aus Äthiopien mischt.

Kaffeebohnen aus Java

Die Spitzenprodukte zählen zu den besten Kaffees der Welt, aber unter der Flagge „Java" segeln auch viele andere zweitklassige Sorten und Mischungen.

💡 Mischungen werden auch als Blends bezeichnet.

Papua-Neuguinea

Produziert wird fast ausschließlich Hochlandkaffee, der in Höhen von 1 300 bis 1 800 m angebaut wird. Die Ernte stammt zu 75 % von kleinen Farmen der ursprünglichen Bevölkerung. Der Kaffee ist aromatisch, ausgewogen, hat wenig Säure und weist blumige Zitrusnoten auf.

Philippinen

Die Philippinen gehören zu den wenigen Erzeugerländern, die alle vier Coffea-Arten anbauen: Robusta, Liberica, Excelsa und Arabica. Die stets wachsende Kaffeeindustrie liefert etwa 80 % der Produktion an den Großabnehmer Nestlé.

Mindanao, die zweitgrößte und am südlichsten gelegene Insel der Gruppe, erzeugt Hochland-Arabicas der Spitzenklasse.

Vietnam

Vietnam ist mittlerweile nach Brasilien der zweitgrößte Kaffeeproduzent der Welt. Der Anbau konzentrierte sich bisher vorwiegend auf die Sorte Robusta. Pflanzungen findet man rund um Tonkin und vor allem in der Region Dak Lak.

Seit einigen Jahren wird vermehrt auf Arabica- und auch Bioanbau gesetzt.

Vietnam

Indien

Indien produziert Arabicas und Robustas (auch gewaschene) in etwa gleicher Menge.

Eine Spezialität ist der **„monsooned coffee"** (Monsun-Kaffee). Der Kaffee wird zu Beginn der Monsun-Regenperiode (Mai/Juni) gepflückt und geschält. Beim „Monsooning-Verfahren" reifen die Bohnen wochenlang unter Feuchtigkeitseinfluss sowie den Monsunwinden und weisen daher eine bleich-gelbe Farbe auf. In den Handel kommen sie als „Monsooned Malabar AA" oder „Monsooned Basanically" (siehe auch S. 56).

Bekannt ist auch der „Robusta Parchment" oder „Monsooned Robusta". Der Kaffee hat kaum Säure, einen vollen dichten Körper mit Kakaogeschmack.

Indien

Australien

Auf dem Weltmarkt gelangen mittlerweile aus Queensland und New South Wales ausgezeichnete Qualitäten der Arabica-Varietät „Bourbon".

Der **„Australia Queensland Skybury"** wird von Kaffeegourmets wegen seines Aromas höher bewertet als der „Jamaika Blue Mountain Coffee". Neben Skybury zählt auch **„Mountain Top"** zu den bekannten Plantagen.

Australien

Ernte und Aufbereitung

3.3 Die wichtigsten Produktionsländer in Süd- und Mittelamerika sowie in der Karibik

Quellen: ICO und Handel

Brasilien

Das größte Kaffeeanbauland erzeugt etwa ein Drittel der Weltproduktion. In fast allen 21 Bundesstaaten des Landes wird Kaffee angepflanzt. Zu den größten Produzenten zählen Parana, Espirito Santo, Bahia sowie São Paulo und Minas Gerais.

Es wird Arabica, aber auch große Mengen Robusta, der als Conillon bezeichnet wird, erzeugt. Aus den mittelmäßigen Arabica-Sorten ragt die geschmacklich abgerundete Sorte **„Bourbon Santos"** heraus. Der Duft ist nicht besonders ausgeprägt und der Kaffee hat wenig Säure. Das Aroma ist weich, lieblich, ausgewogen.

Auf dem internationalen Markt wird der zumeist gewaschene und sonnengetrocknete Kaffee in „Brazils" und „Milds" sowie „Other Arabicas" eingeteilt. Meist wird brasilianischer Kaffee hauptsächlich für Mischungen verwendet, die feinen Plantagenkaffees für Kaffeespezialitäten.

Der „Cup of Excellence"-Bewerb sorgt mit strengen Qualitätskriterien dafür, dass mehr Spezialitätenkaffees erzeugt und die Kaffeebäuerinnen und -bauern für gute Ware besser honoriert werden. Kaffees mit dem sogenannten Rio- oder Minas-Geschmack werden entweder im Land selbst verbraucht oder meist nach Osteuropa exportiert. Als Spitzensorte wird der **Brasilien Fortaleza** vermarktet (siehe auch S. 56).

Brasilien

💡 Als **Rio Flavour** werden harte Brasil-Kaffees besonders aus dem Raum Rio de Janeiro bezeichnet.

Ecuador und die Galapagosinseln

Die Kaffeebohnen weisen wenig Körper auf und werden daher meist für Mischungen verwendet. Der Duft ist intensiv, die Säure mittelmäßig, der Geschmack mild und ausgewogen mit feiner Bitternote.

Eine besondere Beliebtheit erlangte in den letzten Jahren die auf der Galapagosinsel San Cristóbal biologisch erzeugte Arabica-Spezialität. Die Hacienda El Cafetal erzeugt etwa 500 Säcke dieser außergewöhnlichen Bourbon-Rarität (siehe auch S. 56).

Ecuador

3 Kaffeesorten aus den Regionen

Kolumbien

Kolumbien ist der zweitgrößte Kaffeeproduzent Südamerikas nach Brasilien und der größte Exporteur von hochwertigen gewaschenen Arabicas, die unter „100 % Columbian Coffee" weltweit exportiert werden.

Aufgrund der mikroklimatischen Unterschiede findet man bei kolumbianischen Kaffees unterschiedlichste Nuancen in der Tasse. Der weltberühmte, sortenreine (Anden-)Hochlandkaffee **„Gran Café de Caldas"** vereint in sich alle Eigenschaften, die ein exzellenter Hochländer haben sollte, reiches, rundes, ausgewogenes Aroma mit leicht süßlichen Nussanklängen, einen kräftigen Körper, die Säure spürbar und doch fein. Dieser Kaffee zählt zu den Spitzenqualitäten der Welt. „Excelso" und „Supremo" haben den höchsten Aussiebungsgrad und stehen für höchste Qualität. Z. B. bedeutet „Columbian Grade AA" beste Aufbereitung und geringster Fehlbohnenanteil.

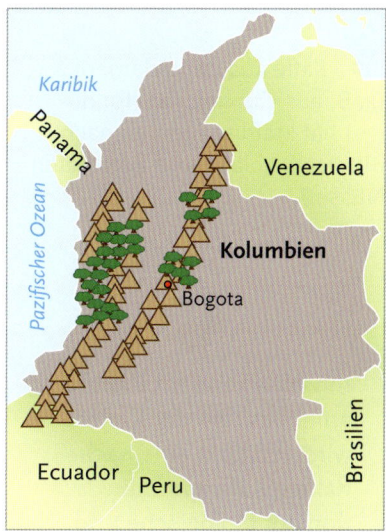

Kolumbien

Venezuela

Venezolanischer Kaffee ist unverwechselbar im Geschmack: leicht und fein mit geringer Säure. Die beste Anbauregion ist der Bundesstaat Táchira im Südwesten mit der Spezialität **„Montebello"**. In kleinen Plantagen werden die Arabica-Sorten Typica und Bourbon kultiviert.

Peru

Bis zu 98 % des peruanischen Kaffees werden in Waldgebieten kultiviert und zwar größtenteils von Kleinbäuerinnen und -bauern. Die besten Kaffees kommen aus Chanchamayo, Cuzco, Norte und Puno. Ein Großteil der Arabicas wird als „Biokaffee" vermarktet. Peruanischer Kaffee ist qualitativ durchaus mit jedem anderen mittel- oder südamerikanischen Kaffee vergleichbar.

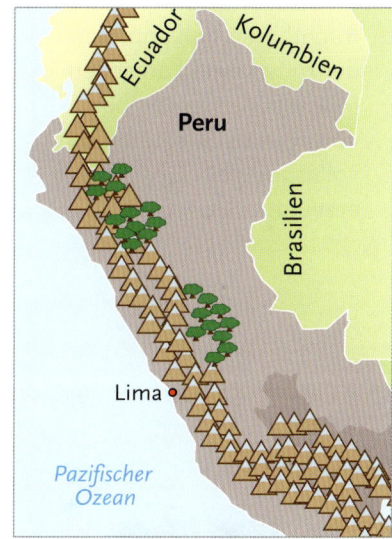

Peru

Mexiko

Kaffees aus Mexiko zeigen viel Temperament. Schon der Duft ist würzig-forsch, der Körper hat Kraft und die Säure ist gut zu spüren. Der Geschmack ist rassig, leicht herb und eine Spur sandig, nicht sehr nachhaltig, aber harmonisch ausgewogen.

Die besten Sorten sind: **Tapachula** und **Huixtla** aus der Hochlandregion Chiapas. Weitere bekannte Kaffees kommen aus Coatepec, Oaxaca und Pluma. Sehr mild, leicht und harmonisch sind die länglichen Großbohnen **Maragogype** (siehe auch S. 57). Mexiko zählt zu jenen Ländern, die viel Kaffee auf biologischem Weg erzeugen. Organisationen wie Rainforest Alliance und Transfair sind im Land tätig.

Mexiko

Guatemala

Kaffees aus Guatemala zählen zu den besten der Welt. Die Produktion konzentriert sich auf die Arabica-Sorten Bourbon, Typica und Maragogype.

Ein reiches Aroma und viel Körper zeichnen diesen oft exquisiten SHB-Kaffee (strictly hard bean) aus. Die harmonische Milde mit leichten Säurespitzen macht ihn sehr angenehm und bekömmlich. Ein herausragendes Anbaugebiet an den Südhängen der Sierra Madre ist Antigua. Weitere Anbaugebiete sind Atitlan, San Marcos und Nuevo Oriente. Hier besticht neben dem vollmundigen Geschmack noch eine elegante Bitternote. Auch Kaffees rund um Cobán und aus dem Distrikt Huehuetenango sind hervorragend.

Kaffeebohnen aus Guatemala

Ernte und Aufbereitung

💡 Kaffe aus Zentralamerika (z. B. aus Guatemala, Honduras) hat kräftige Aromen nach Bitterschokolade und gerösteten Nüssen.

📌 In vielen Ländern **Zentralamerikas und der Karibik** wird verstärkt eine **nachhaltige Kaffeeproduktion** auf biologische und biodynamische Weise (Demeter Kaffee) betrieben. Besonders auf den fruchtbaren Vulkanböden der mittelamerikanischen Hochebene werden hervorragende Qualitäten mit vollmundigem Geschmack erzeugt.

Bio-Kaffee San Antonio

Costa Rica

Honduras

Kaffees aus Honduras weisen einen kräftigen Duft auf, der oft mehr verspricht als der Geschmack hält. Schwache Säure, aber harmonisch milder Gesamteindruck.

„**Yoija**" und „**Marcala**" sind die bekanntesten Sorten und werden in einer Höhe von 2 000 Metern angepflanzt (SHG – strictly high-grown).

Jamaika

Auf Jamaika werden Kaffees bester Qualität erzeugt. Jamaika ist neben Indonesien (Sulawesi) das einzige Erzeugerland, das Rohkaffee in Holzfässern exportiert.

Jamaika Blue Mountain ist für viele der König unter den besten Kaffees der Welt und wird zu sehr hohen Preisen gehandelt. Dieser nass aufbereitete Arabica ist blaugrün in der Farbe und wächst in Höhenlagen um 1 500 bis 2 100 Metern, wodurch das Wachstum der Pflanzen verlangsamt wird und die Bohnen außergewöhnlich dicht und hart ausfallen (siehe auch S. 56 f.).

Puerto Rico

Zu den besten Arabica-Sorten zählen „**Yauco Selecto**" und „**Grand Lares**". Wie für alle Kaffees von den karibischen Inseln gilt auch hier, dass sie ein intensives, fruchtiges Aroma und einen milden Geschmack aufweisen. Kaffee aus Puerto Rico wird auch in den Vatikan geliefert.

Dominikanische Republik

Die beste Anbauregion liegt im Südwesten, in Barahona. Die Kaffees, die auch als „**Santo Domingo**" bezeichnet werden, sind mild, vollmundig im Geschmack, mit feiner Säure und angenehmem Aroma. Auch die Arabica-Sorten „**Juncalito**" und „**Ocoa**" sowie „**Haitian Bleu**" liefern gute Qualitäten.

El Salvador

Hier gibt ausgewogene milde Gewächse. Der Körper dieses Kaffees ist nicht sehr voll und seine Säure ist gering.

Eine exzellente und mildwürzige Ausnahme bildet die **Pacamara-Bohne,** eine Kreuzung aus Pacas und Maragogype. „San Antonio" ist ein zertifizierter biologischer Kaffee. Qualitätskriterium: Je höher die Plantage, desto besser der Kaffee.

Costa Rica

Costa Rica bietet ideale Bedingungen für den Kaffeeanbau. Umgeben von den beiden Ozeanen entwickeln die Kaffeebohnen durch die mineralreichen, vulkanischen Böden in hohen Lagen ein besonders feines und würziges Aroma. Durch das eher kühle Klima reifen die Früchte langsam, dafür perfekt heran. Außerdem hat Costa Rica eine besonders lange Erfahrung im Umgang mit Kaffeepflanzen (mehr als 150 Jahre). **Tarrazú** und **Tres Ríos** zählen viele Kaffeekenner/innen zu den besten Kaffees der Welt. Überragend ist die Plantage „La Minita" mit dem „La Minita Tarrazú".

Auch die praktizierte nachhaltige Anbauweise und die vorbildliche Verarbeitungsweise führen zu hervorragenden Arabica-Qualitäten. Die Kaffeeplantagen liegen in einer Höhe zwischen 1 000 und 1 600 Metern. Die Kaffees zeichnen sich durch intensiven Duft, rassiges Aroma und viel Körper aus. Die Säure ist ausgeprägt, aber nicht dominant, der Geschmack harmonisch.

Neben besten Qualitäten aus dem Landesinneren kommen auch minderwertige Sorten auf den Markt. Qualitätskaffee trägt die Bezeichnung SHB (strictly hard bean). Dies bedeutet, dass der Kaffee auf Höhenlagen über 1 500 Metern kultiviert wird.

⚠️ Der Anbau von Robusta ist in Costa Rica verboten.

Hawaii

Man behauptet, dass die Kaffeepflanze nirgends so ideale Wachstumsbedingungen hat wie auf Hawaii. Der exzellente Südseekaffee hat seinen gehaltvollen, schönen, fruchtigen Körper, aber nicht viel Säure. Leichte süße Nussnoten heben den lieblichen Geschmack.

Die beste Sorte heißt **Kona,** sie gedeiht unter Schattenbäumen an den Hängen von Vulkanen und ist pur kaum zu bekommen. Der beste Kaffee wird als „Extra Fancy", „Fancy" und „Number One" bezeichnet. Diese Spezialität gilt als „Grand-Cru"-Kaffee und erhält eine Herkunftsgarantie. Er wird zu Höchstpreisen gehandelt (siehe auch S. 56).

Viele als „Kona" vermarktete Kaffees enthalten daher oft nur minimale Anteile von echtem hawaiianischem Kona.

Ziele erreicht? – „Ernte und Aufbereitung"

1. Tragen Sie die Erntezeiten von Mexiko (Nordamerika), Panama (Zentralamerika), Kolumbien bzw. Paraguay (Südamerika), Äthiopien bzw. Simbabwe (Afrika) und Indien bzw. Indonesien (Asien) mit verschiedenen Farbstiften in den Monatskreis ein und ziehen Sie Schlüsse daraus.

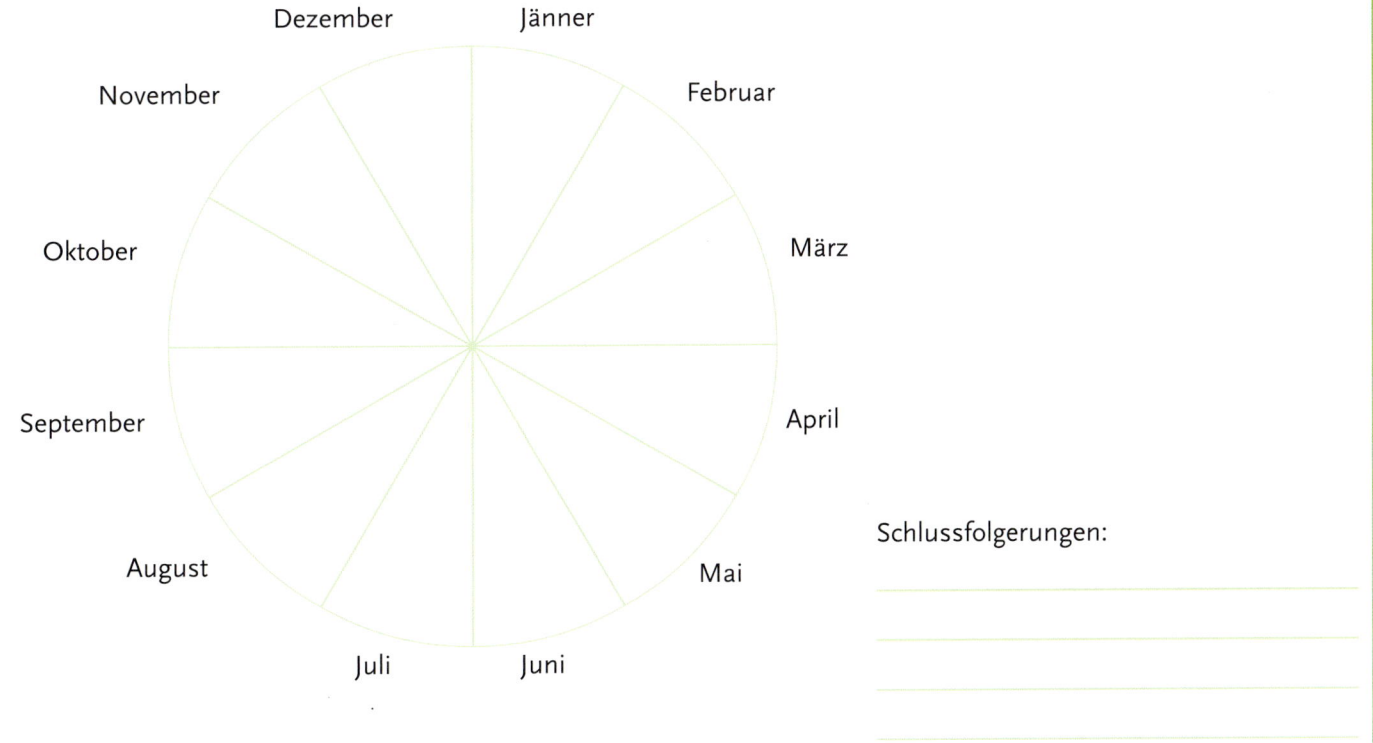

Schlussfolgerungen:

Ernte und Aufbereitung

2. Listen Sie die wichtigsten Unterschiede der einzelnen Erntemethoden auf:

Hand Picking	Stripping	Maschinelle Ernte

3. Bringen Sie die Arbeitsvorgänge bei der nassen Aufbereitung in die richtige Reihenfolge:

☐ Schälmaschinen befreien die Bohnen von der Pergamenthülse und dem Silberhäutchen.

☐ Die Restfeuchte in den Bohnen wird zuletzt in einem gut durchlüfteten Speicher stabilisiert.

☐ Nach dem Aussortieren, Reinigen und Quellenlassen rutschen die Früchte in Schwemmkanälen zum Entpulper.

☐ Dieser Gärprozess löst das restliche anhaftende Fruchtfleisch.

☐ Sie werden in Säcken abgepackt.

☐ Nun beginnt für ein bis zwei Tage die Fermentation in großen Wasserbecken.

☐ Die Bohnen werden schließlich noch so lange gewaschen, bis sie nur noch von Pergamenthülle und Silberhäutchen umschlossen sind.

☐ Der Entpulper quetscht die Früchte, sodass die Schale und lockeres Fruchtfleisch abfallen.

☐ Diese sogenannten Pergaminos trocknen dann einige Tage in der Sonne oder einige Stunden in einem Heißluftgebläse.

4. Was charakterisiert die halbtrockene bzw. trockene Aufbereitung? Streichen Sie die falschen Aussagen.

Die trockene Aufbereitung wird besonders in Gebieten mit trockenem, warmem Klima zur Erntezeit (z. B. in Westafrika) verwendet.

Für die halbtrockene Aufbereitung werden die Bohnen fermentiert.

Beide Aufbereitungsarten lassen die Bohnen später milder schmecken als nach der nassen Aufbereitung.

Die halbtrockene Aufbereitung ist einfacher und älter als die trockene.

Fast alle Arabicas werden trocken aufbereitet.

5. Wie lauten von der größten zur kleinsten Bohne die englischen und die deutschen Bezeichnungen für Brasilkaffee?

6. Welche anderen Klassifizierungen außer nach der Größe gibt es?
Kreuzen Sie sie an:

☐ Nach Mängeln ☐ Nach dem Gewicht ☐ Nach der Höhenlage

☐ Nach Anbauland ☐ Nach der Farbigkeit ☐ Nach Strauchhöhe

☐ Nach Alter der Ernte ☐ Nach der Form der Einkerbung

7. Rohkaffee wird noch vor Ort dreifach geprüft. Was wird dabei genau gemacht bzw. festgestellt?

8. Finden Sie die gesuchten Begriffe.

Senkrecht
1 Überfermentierte Bohne
2 Bezeichnung für Bohnenstücke
4 Beim Pulpen oder Abschälen entstehende Fehlbildungen

Waagrecht
3 Fachbezeichnung für unreife Bohnen
4 Fachbezeichnung für überreife, von Pilzen befallene Bohnen
5 Überreife Bohne, die später korkig schmeckt
6 Fachbezeichnung für unterentwickelte, runzelige Bohnen

9. Wählen Sie wie beim Spiel Stadt, Land, Fluss einen der folgenden Buchstaben und beschreiben Sie eine Kaffeeregion bzw. ein Kaffee produzierendes Land, das mit diesem Buchstaben beginnt. Nach jedem Buchstaben vergleichen Sie Ihre Aufzeichnungen mit denen im Buch.

A	B	C	D	E	G	H	I	J
K	M	P	R	S	T	U	V	

Handel und Verarbeitung

💡 Beim Rösten können über 800 Aroma- und Geschmacksstoffe zur vollen Entfaltung kommen.

Kaffeetransport erfolgt heutzutage mit modernsten logistischen Mitteln und wird dennoch wie eh und je überwiegend auf dem Wasserweg abgewickelt.

Meist erfolgt erst im Zielland die eigentliche Röstung, also die Verarbeitung des Rohkaffees. Dies erfordert Fingerspitzengefühl und viel Erfahrung, da dabei die Bohnen zu ihrem einzigartigen Geschmack kommen.

Meine Ziele

Nach Bearbeitung dieses Kapitels kann ich
- über die Abfüllung von Rohkaffee Auskunft geben;
- den Transport von Rohkaffee beschreiben;
- die Verarbeitung vom Rohkaffee zum Röstkaffee definieren;
- einige Röstverfahren aufzählen und erklären;
- über Verpackungsarten von Kaffee berichten;
- verschiedene Spitzenkaffees nennen.

1 Handel

Kürzlich hat Katrin eine Dokumentation über Kaffeetransporte gesehen und war fasziniert, wie vielfältig dabei die Aufgaben und Qualitätssicherungsaspekte aller Beteiligten sind.

Kaffee ist nach Erdöl das zweitwichtigste Welthandelsgut und für viele Staaten die wichtigste Devisenquelle. Schätzungen zufolge verdienen weltweit etwa 250 Millionen Menschen in den Erzeuger- und Konsumländern mit dem Produkt Kaffee ihren Lebensunterhalt.

Am Markt beteiligt sind
- Kaffeebäuerinnen und -bauern,
- Pflücker/innen,
- Arbeiter/innen bei der Aufbereitung,
- Großhändler/innen,
- Transportwesen (Reedereien, Lkw usw.),
- Versicherungen,
- Kaffeeindustrie/Röstereien,
- der Vertrieb zur Konsumentin bzw. zum Konsumenten sowie
- Handelshäuser und
- Gastronomiebetriebe.

Bekannte Kaffeemarken: Arabia, Columbia, Dallmayer, Darboven, Douwe-Egberts, Heißenberger, Hornig, Illy, Hausbrandt, Jacobs (Kraft Foods), Lavazza, Meinl, Naber, Nestlé (Instantkaffee), Nespresso, Alvorada, Sacher's, Santora, Schärf, Segafredo, Stambulia, Tchibo-Eduscho, Regio (Spar), Wedl, Zumtobel.

1.1 Abfüllung

Zu mehr als 95 % wird Kaffee als Rohprodukt exportiert. Neben geringen Röstkaffee-Exporten aus Kolumbien wird noch löslicher Kaffee aus Brasilien exportiert.

Nach der Klassifizierung erfolgt das Abfüllen überwiegend in Jute-, Hanf- oder Sisalsäcke für die Zwischenlagerung oder direkt zur Verschiffung. Blue Mountain Coffee aus Jamaika und Sulawesi aus Indonesien werden traditionell in Holzfässern exportiert.

Branchenriesen dominieren den Kaffeemarkt, aber dennoch gibt es alteingesessene Familienunternehmen und junge Röster/innen, die sich mit hoher Qualität und Luxusbohnen behaupten können

1.2 Einkauf

Direkteinkäufe von großen Kaffeeröstereien in den Exportländern sind selten.

Der Einkauf erfolgt
- entweder über Rohkaffee-Agenten, die im Namen der Rösterei kaufen, für die Abwicklung des Transportes und die Versicherung sorgen oder
- über Importeure, die täglich eine große Angebotspalette aus unterschiedlichen Kaffee produzierenden Ländern bieten können.

Aus diesen Angeboten stellt sich die Einkäuferin/der Einkäufer ihre/seine Mischungen zusammen. Daher ist es für die Einkäuferin/den Einkäufer im Röstbetrieb sehr wichtig, dass sie/er die Möglichkeit hat, jederzeit aus einem breiten Angebot zu wählen. Ausnahmen bilden sortenreine Kaffeespezialitäten aus einer bestimmten Region oder Plantage.

💡 Eine Röstkaffeemischung besteht normalerweise aus fünf bis zehn verschiedenen Rohkaffeeprovenienzen, die zusammen ein stets gleichbleibendes Geschmacksbild und eine kontinuierliche Qualität ergeben sollen.

Handel und Verarbeitung

Verladung in Säcken

Lagerhalle mit konventioneller Sacklagerung

Pneumatisch = mit Luftdruck.

1.3 Transport

Dass der Kaffee in den Exporthäfen der produzierenden Länder in Säcken direkt auf die Schiffe verladen wird, ist heute eine Ausnahme. Der Transport von **Kaffeesäcken in Containern** ist eine schonendere Vorgangsweise und ermöglicht außerdem einen noch schnelleren Umschlag.

Der Transport in die Verbraucherländer erfolgt mit speziell klimatisierten Containern, die mit einer Feuchtigkeitsdrainage ausgestattet sind. Etwa 75 Millionen Säcke Kaffee kommen so in die Verbraucherländer.

Eine weitere Rationalisierung des Kaffeeumschlages stellt der Transport des Kaffees als **loses Schüttgut in Containern** dar (Bulkware).

Die Reise des Kaffees von den Exportländern der verschiedenen Kontinente bis z. B. nach Hamburg oder Bremen dauert ungefähr drei bis sechs Wochen.

Im Zielhafen angekommen, wird der Rohkaffee je nach den lokalen Gegebenheiten gelagert. Er bleibt entweder in den Säcken, die in Lagerhallen auf Paletten gestapelt werden, oder Säcke und Container werden geleert und die Kaffeebohnen in Silos gefüllt.

Bei Abruf durch den Verarbeitungsbetrieb wird die Ware abermals verladen und in ein weiteres Zwischenlager der Rösterei gebracht.

Der Rohkaffee wird nach der Ankunft in der Rösterei entweder in den Transportsäcken gelagert oder aus den Transportbehältern geleert, gereinigt (von Holz- und Eisenteilen sowie Steinen, Staub und anderen Fremdkörpern), gewogen und in Silozellen zwischengelagert. Weitere Selektionsverfahren können durchgeführt werden.

Der gewogene Rohkaffee wird pneumatisch, mechanisch oder durch freien Fall den Röstanlagen zugeführt.

2 Verarbeitung

 *Robert geht täglich bei einem Kaffeehaus mit eigener Rösterei vorbei. Manchmal duftet es dort stark nach Kaffee, aber leider sieht Robert von außen nicht, was beim Rösten genau gemacht wird.*

Unter dem Begriff **„Rösten"** versteht man das trockene Erhitzen der Kaffeebohnen, in der Regel unter atmosphärischem Druck (Luftdruck). Durch die Röstung wird erst das eigentliche Potenzial des Rohkaffees aufgeschlossen bzw. der spezifische Charakter einer Kaffeesorte geformt. Dabei wird bereits die spätere Verarbeitung bzw. Zubereitungsart (Filter-/Espresso-Kaffee) berücksichtigt. Rösten ist der wichtigste Schritt in der Kaffeeveredlung, da sich die Bohne chemisch völlig verändert und ihre Aromen freigibt.

2.1 Röstablauf

Da Kaffee ein Naturprodukt ist, vielen Einflüssen unterliegt und außerdem nicht immer in allen Sorten und Qualitäten verfügbar ist, erfordert es einiges an Röstkunst, um den Verbrauchern stets das gewohnte gleichwertige Produkt anbieten zu können.

Daher werden je nach gewünschtem Geschmack und Aroma einer Kaffeemischung die Kaffees unterschiedlicher Herkunft, Sorte und Qualität aufeinander abgestimmt (Blending).

Kaffeeröster in einem mittelständischen Betrieb

Abhängig von der Philosophie der Rösterin bzw. des Rösters kann diese Mischung
- entweder vor der Röstung vorgenommen werden **(Mischröstung/Sturzröstung)**, was kostengünstiger ist, oder
- sie erfolgt, nachdem jede Provenienz (Herkunft) eigens geröstet worden ist **(Einzelröstung/Provenienzröstung)**. Dieses Verfahren ermöglicht eine noch exaktere Abstimmung auf die jeweiligen Geschmacksnuancen des einzelnen Kaffees, wodurch der eigenständige Charakter jeder Sorte besonders zur Geltung kommt.

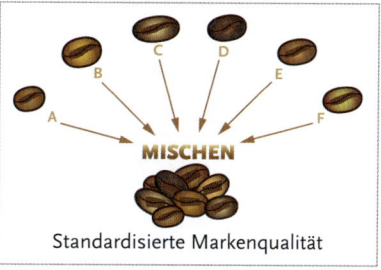

Standardisierte Markenqualität

Sortenreine Bohnenkaffees aus bestimmten Regionen oder von Plantagen werden unvermischt als Kaffeespezialitäten angeboten. Meist sind es Hochlandkaffees von ausgezeichneter Qualität und individueller Charakteristik, die Kaffeeliebhaber/innen und Kaffeekenner/innen mit großer Erwartungshaltung begegnen.

Proberöstung

In der Regel führt der Röstmeister vor dem eigentlichen Röstvorgang eine Proberöstung durch, wobei
- der Röstgrad sowie
- die Röstdauer

festgelegt werden.

Die Proberöstung berücksichtigt nicht nur die Eigenschaft der Rohkaffeesorte. Es erfolgt auch eine Abstimmung auf die Verbrauchergewohnheiten, die kulturellen und regionalen Geschmackserwartungen sowie die spätere Zubereitungsart (Filterkaffee, Espresso).

Röstvorgang

Beim Erhitzen der Kaffeebohnen kommt es zu einer sichtbaren Veränderung in der chemisch-physikalischen Struktur, wodurch sich das Erscheinungsbild und der Zustand der Bohnen verändern. Dabei bauen sich manche Substanzen ab, während andere sich entwickeln, die jene wesentlichen Öle freisetzen, aus denen die aromatischen Eigenschaften des Kaffees entstehen.

Langsam geröstete Kleinmengen entfalten ihr Aroma besser als industrielle Massenproduktion!

Je langsamer die Bohnen geröstet werden, umso besser können sie ihr Potenzial entfalten und umso genauer lässt sich die Röstung steuern.

Beim Röstvorgang werden Temperatur und Dauer ständig präzise aufeinander abgestimmt und kontrolliert.

In besonders modernen Röstanlagen werden die Röstgrade mit einem Lasergerät bestimmt und es gibt dadurch fast unendlich viele Röststufen.

Einfachste Kontaktröstmaschine

Wussten Sie, dass ...
die im Kaffee enthaltenen Kohlenhydrate und Proteine, die im Zuge des Röstvorganges die sogenannten Maillard-Röstprodukte bilden, das besondere Aroma und die spezielle Farbe des Endproduktes bestimmen?

 Gaschromatografie = mögliches Verfahren, ein Gemisch zu trennen, da die Bestandteile unterschiedliche Siedepunkte haben.

Röstvorgang

Die anfangs zartgrünen Kaffeebohnen werden überwiegend in 400 bis 600 °C heißer Luft geröstet und erreichen selbst eine Temperatur zwischen 200 und etwa 230 °C. Durch den inneren Überdruck, der durch Wasserverdampfung und Röstgase (Kohlenmonoxid und Kohlendioxid) entsteht, werden die Bohnen bis zum Ende auf etwa das Doppelte ihres ursprünglichen Volumens aufgebläht.

- Bei Temperaturen um 50 °C weisen die Rohkaffeebohnen die ersten Veränderungen ihrer Gewebsschichten auf. Zwischen 60 und 70 °C gerinnt das Eiweiß. Die Bohnen verändern ihre Farbe von grün in gelb bis gelbbraun.

- Der eigentliche Röstvorgang beginnt bei einer Röstguttemperatur von 100 °C. Das in den Kaffeebohnen enthaltene Wasser verdampft und sie trocknen aus. Bei 100 °C verfärben sich die Bohnen über gelb und gelbbraun auf goldbraun, der verströmende Duft erinnert mehr und mehr an geröstetes Brot. Außerdem löst sich das äußere Kaffeehäutchen und fällt ab.

- In weiterer Folge beginnen die zuckerhaltigen Zellen zu karamellisieren und die Aromen bilden sich, Säuren werden abgebaut. Die Bohnenfarbe geht auf braun über, was sich durch den Karamellisierungsprozess und die Verkohlung der Pflanzenzellen ergibt. Zwischen 150 und 180 °C vergrößert sich das Volumen der Bohnen sichtbar und sie erhalten eine glänzend braune Oberfläche.

- Bei Temperaturen zwischen 180 und 200 °C beginnt unter Krachen und Knacken der Bohnen die Phase der Zersetzung. Bläulicher Rauch entweicht und das charakteristische Kaffeearoma ist zu riechen. Mit zunehmender Karamellisierung entwickelt sich ein für jedes Rösten typischer Stoff, der als Assamar (Röstbitter) bezeichnet wird. Bei Temperaturen bis 230 °C erreicht die Röstung ihr optimales Niveau.

- Der Röstvorgang endet, je nach Gegebenheiten, bei etwa 200 bis 230 °C des Röstgutes, wobei der Zeitpunkt dafür von der gewünschten Farbstufe der Bohnen abhängt und sekundengenau durchgeführt wird. Um die Bohnen auf ihren Farbton zu überprüfen, wird eine Probe entnommen. Entspricht die entnommene Probe dem vorgesehenen Farbton, wird der Röstvorgang manuell oder automatisch über eine Temperatursonde abgebrochen.

Neben dem auf natürliche Weise entstehenden Kohlendioxid ist die Intensität der austretenden ätherischen Öle vom Röstgrad abhängig. Mehr als 800 Aromakomponenten konnten mithilfe gaschromatografischer Untersuchungen bereits identifiziert werden.

Der Gewichtsverlust (der sogenannte Einbrand) der Rohkaffeebohnen während des Röstens beträgt je nach Wassergehalt des Rohware und Röstgrad elf bis zwanzig Prozent. D. h., je nach Röstung werden 110 bis 200 g organische und anorganische Bestandteile (einschließlich Wasser) je Kilogramm Rohkaffee freigesetzt. Aufgrund des Wasserentzuges geht auch der Feuchtigkeitsgehalt von etwa zwölf auf zirka ein Prozent zurück. Der Koffeingehalt wird beim Röstvorgang kaum verändert.

Kühlung des Röstgutes

Nach Ablauf des Röstprozesses wird das Röstgut direkt in ein **Kühlsieb (Kühlkammer)** geleitet. Um ein Nachrösten zu verhindern, wird in der Regel mit Kaltluft gekühlt und die Bohnen werden dabei ständig durch ein Rührwerk bewegt. Je breiter und flacher die Kühlschale, desto schneller kühlen die Kaffeebohnen ab. Nach wenigen Minuten sollen die Bohnen nur noch handwarm sein.

Es kann aber auch Wasser zur Vorkühlung eingesetzt werden, wodurch der Röstprozess schlagartig beendet wird (meist für Industriekaffee). Die **Wasserbesprühung (Wassereinspritzung)** beschleunigt den Kühlvorgang und steigert das Gewicht des Röstkaffees, hat aber Einfluss auf die Kaffeequalität. Wasser beschleunigt den Verlust von Kohlensäure sowie der flüchtigen Aromastoffe und bewirkt eine höhere Instabilität des Kaffees.

Nach dem Kühlen erfolgen eventuell eine nochmalige Entsteinung, danach das Verwiegen zur **Einbrandkontrolle** (Kontrolle des Gewichtsverlustes beim Rösten) und soweit die Qualität des Endproduktes es erfordert, wird der Kaffee nochmals sortiert. Einige Tage nach der Röstung entfaltet der Kaffee sein maximales Aroma.

Röstkaffee auf dem Kühlsieb

⚠️ Laut Gesetz darf der Feuchtigkeitsgehalt im Röstkaffee maximal fünf Prozent betragen.

2.2 Verschiedene Röstverfahren

Die Röstwärme kann durch Kontakt oder durch Konvektion (Heißluft) auf das Röstgut übertragen werden. In zunehmendem Maße wird in größeren Röstereien von der Kontakt- auf Konvektionsröstung übergegangen. Als Heizmittel für die Röstung dienen Gas, Heizöl oder in seltenen Fällen elektrischer Strom.

Beim Rösten sollte ein ausgewogenes Verhältnis zwischen Säure, Körper, Bitterkeit und Süße hergestellt werden. Bei zunehmender Dauer der Röstung sowie dunkleren Röstungen bauen sich die Säuren (Essigsäure, Ameisensäure, Zitronensäure, Apfelsäure, Chinasäure usw.), vor allem aber Trigonellin- und Chlorogensäure, kontinuierlich ab.

Trommelröstung (Kontaktröstung, Chargenröstung)

Bei diesem traditionellen Verfahren wird eine bestimmte Menge Rohkaffee (Charge/Portion) in einen rotierenden Zylinder (Rösttrommel) eingefüllt, der durch einen Brenner mit Gas bzw. elektrisch erhitzt wird. Bei dieser Methode ist das Röstgut direkt mit der Innenwand des Zylinders in Kontakt.

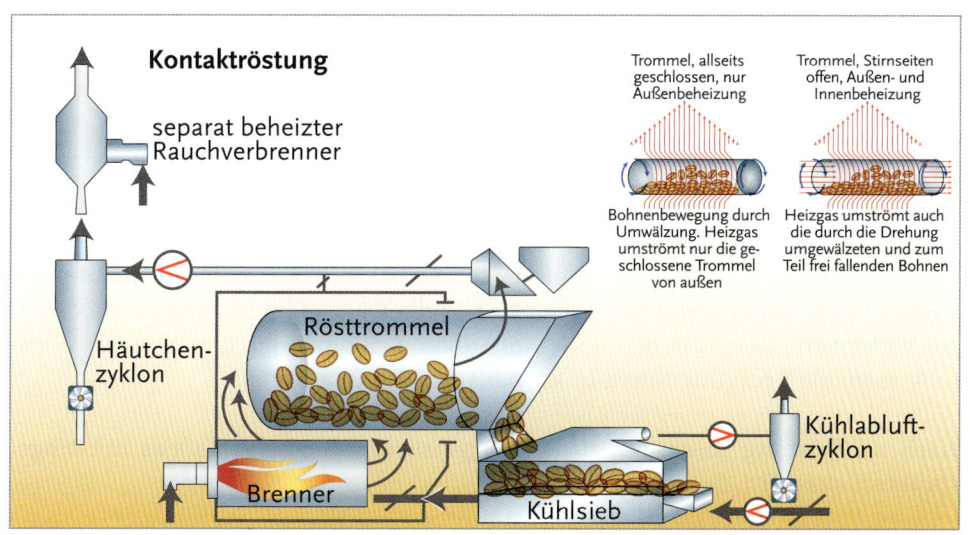

Auch geröstete Bohnen können beurteilt werden, z. B. ob die Farbe dunkel, mittel, hell oder blass ist. Hinsichtlich der Bohnenform unterscheidet man gleichmäßig, fast gleichmäßig oder ungleichmäßig und die Bohnengröße variiert zwischen groß, mittel und klein. Fehler sind wieder Häutchenreste, Beschädigungen oder die Ohrenform.

Handel und Verarbeitung

Einige Gastronomiebetriebe rösten ihren Kaffee neuerdings selber (vor den neugierigen Gästeaugen). Wie bei allen Lebensmitteln können sie so den Wert ihrer Grundprodukte selbst bestimmen. Für dieses besondere Gästeevent werden Mitarbeiter/innen zu Röstmeistern und Röstmeisterinnen ausgebildet.

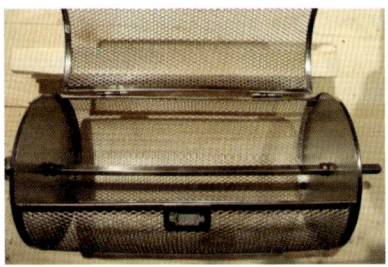

Rösttrommel für kontinuierliche Röstung

⚠ Bei längeren Röstvorgängen treten teilweise Öle aus, die sich durch einen seidenen Glanz an der Bohnenoberfläche zeigen. Diese Öle sind wichtig für das Aroma des Kaffees.

💡 Dieses Röstverfahren wird von vielen Großröstereien angewendet, da es von hoher Wirtschaftlichkeit geprägt ist sowie spezifische und vor allem gleichmäßige Röstzyklen garantiert.

Die Röstdauer beträgt zwischen 12 und 20 Minuten bei einer Bohnentemperatur von rund 200 bis 230 °C. Durch ein ständiges Umwälzen des Röstgutes innerhalb der Trommel wird ein gleichmäßiges Durchrösten der Bohnen gewährleistet. Nachdem der gewünschte Röstgrad erreicht ist, werden die Bohnen direkt in das Kühlsieb entleert und abgekühlt.

Kontinuierliche Röstung

Bei dieser Röstung erfolgen der Transport und die Röstung des Kaffees in rotierenden Trommeln mit einem innen liegenden Transportsystem (Fließbett).

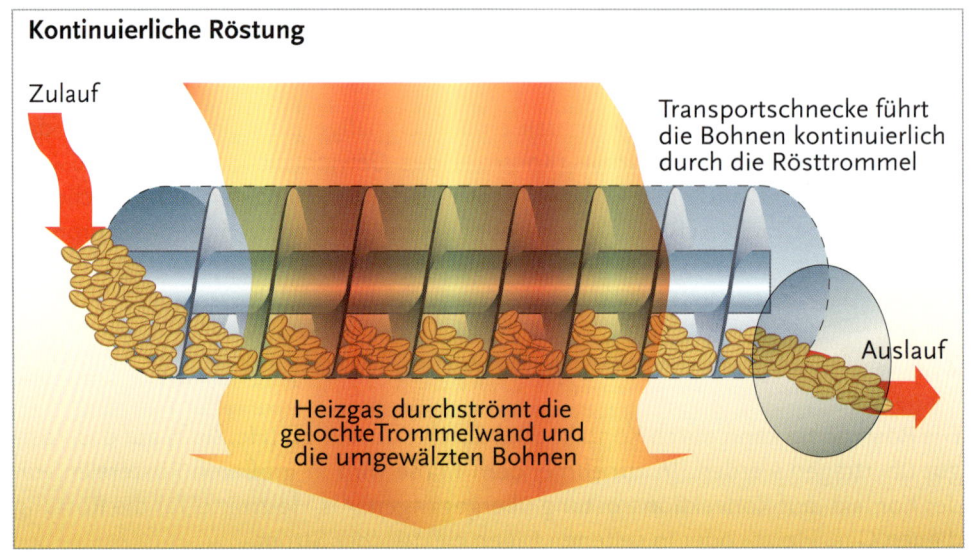

Konvektionsröstung (Jet-Zonen-Röstung)

Bei der Konvektionsröstung werden Heißluftströme zum Rösten verwendet. Der Rohkaffee wird auf einem kontinuierlich bewegten Vibrationsband in die Röstkammer eingeführt. In die Anlage wird mittels Düsen Heißluft mit einer Temperatur von 400 bis 600 °C eingeblasen, welche die auf dem Vibrationsband frei schwebenden Bohnen umgibt. Die einzelnen Kaffeebohnen werden somit gleichmäßig geröstet, da das Röstgut nicht mehr mit der Innenwand des Röstzylinders in Berührung kommt.

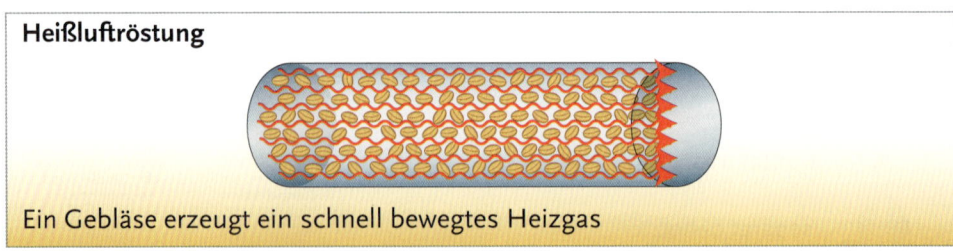

Dank einer technologischen Vorrichtung, mit der die Temperatur schrittweise moduliert wird, werden je nach Kaffeeherkunft oder Zubereitungsart (Filterkaffee oder Espresso) spezielle Röstkurven angefertigt. Hierbei wird durch die Umspülung des Kaffees mit direkt oder indirekt beheizter Luft die Wärmeübertragung auf das Röstgut verbessert. Der Röstvorgang ist innerhalb eineinhalb bis drei Minuten abgeschlossen, die Röstguttemperatur kann bis zu 300 °C betragen.

Nach der Röstung kommt es zu einer Schnellabkühlung des Kaffees mit eingesprühtem Wasser („Quenching").

Kurze Röstvorgänge verhindern die Entwicklung der flüchtigen Aromastoffe und die Verminderung der strengen, aggressiven Trigonellin- und Chlorogensäure, die Ursache für den bitteren Geschmack und die schlechte Bekömmlichkeit des Getränkes.

Da durch die **Schnellröstung** also nicht die feinen Fruchtsäuren, sondern die ungewollten Säuren in hohem Maße in den Bohnen verbleiben, eignen sich diese weniger für die hochkonzentrierte Espressozubereitung. Das Getränk wirkt sauer und adstringierend im Mund. Bei **Filterbrühverfahren** merkt man den Säuregeschmack weniger intensiv.

Wussten Sie, dass ... diese Bohnen von länger geröstetem Kaffee optisch kaum zu unterscheiden sind, allerdings der Säuregehalt höher und die Aromatik nicht sehr ausgeprägt ist?

2.3 Röststufen (Röstgrade)

Mit zunehmendem Röstgrad werden also die Säuren abgebaut und die Aromen können sich vollständig entwickeln. Das unvergleichliche Aroma und der einzigartige Geschmack des Kaffees sind erst das Ergebnis des Röstprozesses.

Röststufe	Besonders geeignet für	Farbe, Aroma, Geschmack
Sehr helle Röstung (Zimt-Röstung)	Café crème	Blasses Braun, breites Aroma, mehr Säure, Fülle am Gaumen, einzelne Aromen klarer
Helle Röstung (amerikanische Röstung, Frühstücksröstung)	Café crème	Kastanienfarbe, hellbraun
Mittlere Röstung (Wiener Röstung, helle französische Röstung)	Karlsbader Methode und die Kolbenkaffeemaschine	Schöne braune Farbe, Öltröpfchen auf der Oberfläche. Säuregehalt hat bei der Röstung abgenommen. Der Kaffee zeigt sich leicht karamellisiert, schmeckt würzig.
Dunklere Röstung (Continental-Röstung, Französische Röstung)	Espressozubereitung (mild bis normal)	Kräftig dunkelbraun bis leicht schwarz, glänzend. Der Kaffee ist stärker karamellisiert und bereits etwas bitter im Geschmack. Die Säure ist gering.

Manche Röstereien stellen sogar noch eine helle Zimt-Röstung her, die noch vor dem ersten Knacken der Bohnen abgebrochen wird. Dieser Kaffee enthält daher noch besonders viele Säuren.

Café crème = 125 ml Kaffee aus der Espressomaschine mit Milch oder Obers im Kännchen.

Wussten Sie, dass ... es viele firmenspezifische Röstungen gibt (z. B. für Starbucks), die wie Staatsgeheimnisse gehütet werden? Diese werden durch genaue Aufzeichnungen über den Röstverlauf bestimmter Sorten (Röstprofile) festgehalten.

 Gut gerösteter Kaffee hat grundsätzlich eine gleichmäßige Färbung (etwa Kastanienfarbe bei der amerikanischen Röstung).

Handel und Verarbeitung

⚠ Bei ganz schwarzer, matter Bohnenoberfläche heißt die sehr dunkle Röstung (bis 250 °C) **Neapolitan, Dark French** oder **Spanish.**

💡 Bei sehr dunklen Röstungen weichen die Säuren und machen vermehrt Bitterstoffen Platz. Der Geschmack des Kaffees ist rauchiger und bitterer, weist aber eine ausgeprägte Karamellnote auf.

Loser Röstkaffee wird in sogenannten Schütten aufbewahrt

Gattierungswaage = besondere Waage, die computergesteuert jede Sorte in der nötigen Menge zur gewünschten Mischung beifügt.

Röststufe	Besonders geeignet für	Farbe, Aroma, Geschmack
Sehr dunkle Röstung (italienische Röstung, Espressoröstung)	Espressozubereitung (kräftig – für starken Espresso oder auch für die Herstellung von Latte macchiato oder Cappuccino)	Tief dunkelbraun mit starkem Glanz, wesentlich mehr Bitterstoffe und weniger Säuren, wobei die Röstung im Norden Italiens etwas heller, also milder als im Süden ausfällt. Die Bohnen weisen viel Öl auf der Oberfläche auf. Der Kaffee schmeckt stark würzig, bitter, die Säure ist kaum spürbar.
Torrefacto (spanisch für geröstet) Röstung unter Zuckerbeigabe	Vor allem in Spanien gebräuchlich	Der mit Zucker geröstete schwarz matte Kaffee wird dem konventionell gerösteten (tueste natural) zu 20 bis 50 % beigemischt. Das Ergebnis wird als „mezcla" (spanisch: Mischung) bezeichnet. Eine mezcla 70/30 z. B. besteht aus 70 % tueste natural und 30 % café torrefacto. Diese Röstungsart reduziert Säure und Bitterkeit des Kaffees.

3 Endverpackung

 *Katrin sind die Kaffeeverpackungen erstmals beim Anblick der handgenähten Einkaufstaschen bewusst aufgefallen. Dabei hat sie diese erstmals genau angesehen ...*

Nach dem Rösten reagiert Kaffee besonders empfindlich auf Licht, Feuchtigkeit und Sauerstoff. Um ein Oxidieren zu verhindern, ist eine rasche Abpackung wichtig, damit der Kaffee haltbar bleibt und seine organoleptischen Eigenschaften bewahrt. Käme es zu einer Oxidierung, würden die Aromastoffe und die Kaffeeöle verderben, bzw. der Kaffee schmeckt ranzig.

Der Abtransport des Kaffees läuft über mechanische oder pneumatische Fördersysteme oder durch Schwerkraft zu den Zwischenlagersilos. Je nach Verwendungszweck werden verschiedene Arten der Zwischenlagerung verwendet.

- Bei der **Einzelsortenröstung** wird jede Sorte in einem Zellensilo eingelagert. Aus diesen Silos können wahlweise die Packmaschine für ganze Bohnen oder auch die Mühle mit dem Vorratsbehälter nachgeschaltet werden.

- Bei der **Mischröstung** ist für jede Mischsorte die notwendige Silokapazität eingerichtet. Die Gattierungswaage und der Röstkaffeemischer mit direkter Weitergabe an die Packmaschinen für ganze Bohnen sind nachgeschaltet.

Um dem Verbraucher ein gleichbleibendes Produkt zu garantieren, werden verschiedene Verpackungsarten für die Haltbarkeit des Kaffees eingesetzt.

Verpackung	Verwendung	Haltbarkeit
Vakuumverpackungen mit Aromaventil	Sie werden bevorzugt, da sich nach dem Verpacken Kohlendioxid verbreitet und durch das Ventil die Gase ausströmen können, ohne dass Luft von außen eindringt.	Vakuumverpackungen garantieren eine Haltbarkeit bis zu 18 Monate.
Gasdichtes Wachspapier	Es ist eine preisgünstige Transportverpackung; meist in Kaffeefilialen in Verwendung.	Nur für den baldigen Verbrauch geeignet.
Folien-Vakuumverpackungen	Sie finden bei gemahlenem Kaffee Verwendung. Der Kaffee wird unter Vakuum versiegelt.	
Begaste Folienverpackung	Hier wird die Luft gegen Schutzgas (Stickstoff) ausgetauscht.	
Kombination von Vakuum und Begasung (Überdruckverfahren)	Dieses Verfahren wird bei der Befüllung von Kaffeeaufsatzbehältern (Dosen) für Espressomaschinen eingesetzt, wobei die Restluft in der Dose unter Druck durch Gase wie Stickstoff ersetzt wird. Diese ungiftigen, geschmacks- und geruchsneutralen Gase verlangsamen enzymatische oder bakterielle Prozesse (Oxidation des Kaffees).	Während der ersten Tage nach der Röstung und Abpackung schmeckt der Kaffee noch unharmonisch, erst danach entfaltet er sich ausgewogen. Eine Frische von drei Jahren wird garantiert.

Egal in welcher Verpackung Sie Kaffee kaufen, nach dem Öffnen muss er angenehm duften und im wahrsten Sinne des Wortes seine Schokoladenseite präsentieren. Anderenfalls ist er überaltert und riecht möglicherweise gar nicht mehr oder sogar schon ranzig.

Vor dem Verpacken werden noch schlechte (Fehlbohnen) und verbrannte Bohnen aussortiert

💡 Besser ist es, öfter kleinere Mengen Kaffee zu kaufen als große Verpackungen länger geöffnet stehen zu lassen, wodurch nämlich das Aroma wahrlich verduftet. Manche schwören auch auf (Tief-) Kühlung zum Qualitätserhalt (was jedoch die bei Espresso vermehrt vorhandenen Öle schlecht verträgen).

Wussten Sie, dass ...
1935 Firmengründer Francesco Illy das schonende Überdruckverfahren erfand? Bei diesem Verfahren steigt die Qualität des Röstkaffees während der Lagerung (wie bei einem guten Wein), da sich die flüchtigen Aromen untrennbar mit den Ölen des gerösteten Kaffees verbinden, der so sein Aroma in der Tasse besser entfaltet.

4 Spitzensorten

Robert hat gehört, dass es Kaffeebohnen geben soll, die schon von einem Tier gefressen und wieder ausgeschieden worden sind ...

Spitzenkaffees kommen aus allen Teilen der Welt und entstehen durch die einzigartigen Umweltbedingungen in bestimmten Regionen. Sie müssen jedoch auf ihrem Weg in die Tasse auch entsprechend sorgsam behandelt werden. So wird aus außergewöhnlich gutem Grundmaterial durch hochqualitative Verarbeitung Kaffee der Spitzenklasse, der entsprechend rar und teuer ist. Nachfolgend sind einige Topprodukte alphabetisch angeführt.

Äthiopischer Kaffeewald

Aged Sumatra

Als Rohkaffee wird der Aged Sumatra ca. drei Jahre gelagert, bevor er zum Verkauf kommt. Der Kaffee hat kaum Säure, ist besonders weich und leicht süßlich.

Äthiopischer Waldkaffee

Der Kaffee kommt aus den Wäldern Äthiopiens und stammt von Wildpflanzen. Er besticht mit vollmundigen Aromen, frischer, feiner Säure, Fruchtigkeit und ist ideal für die Filterzubereitung.

Brasilien Fortaleza

Fortaleza liegt im Nordosten Brasiliens, wo Kaffee in gemäßigten Höhen bis 500 Meter gedeiht. Die Früchte reifen schneller als in der Hochebene, die Bohnen entwickeln kaum Säure. Das besondere Schokoladenaroma bildet oft die Basis von Espressomischungen.

Galapagos-Kaffee

Von der unter Naturschutz stehenden Galapagosinsel San Cristóbal kommt dieser rein biologische Kaffee. Der Kaffee schmeckt sehr gehaltvoll und weist eine feine Säure auf. Die Plantagenfläche beträgt ca. 200 Hektar und darf nicht erweitert werden.

Geisha

Die Pflanze kommt von dem Ort Geisha im Südwesten von Äthiopien und wird derzeit erfolgreich in Panama von der „Haszienda Esmeralda" angepflanzt. „Geisha" hat ein komplexes, intensives Geschmacksprofil nach exotischen Früchten und leichte Süße im Abgang.

💡 70–75 % Anteil am Welthandel haben die Arabica-Bohnen.

Hawaii Kona Extra Fancy

Hawaii Kona Extra Fancy gehört zur Spitzenklasse aller Kaffees. Er wächst im Westen der Inseln an Vulkanhängen. Die Bohnen sind meist perfekt ebenmäßig geformt. Der Kaffee hat ein immens komplexes Aroma.

Indian Monsooned Malabar

Der Rohkaffee wird in überdachten, aber offenen Hallen von Juni bis September den Monsunwinden mit all ihrer Feuchtigkeit ausgesetzt. Er erzeugt bei der Espressozubereitung eine dichte, intensive Crema. Der Kaffee schmeckt leicht würzig, mit schokoladigen Aromen und hat wenig Säure.

Jamaika Blue Mountain

Ein Kultkaffee, der zu den teuersten der Welt gehört (120–160 €/kg). Der Kaffee wächst in absoluter Höhenlage an den Hängen der oft nebelverhangenen Blue Mountains auf Jamaika in einem Gebiet von 6 000 Hektar.

Die Erzeugung ist aufgrund der Anbauhöhe sehr aufwendig. Das Hochlandklima und der säurehaltige Boden lassen die Arabica-Bohnen statt der üblichen sechs

Jamaica Blue Mountain Kaffeefass

Monate bis zu zehn Monate reifen. Dadurch gedeihen große, feste und gehaltvolle Bohnen.

Die handverlesenen Bohnen sind gleichmäßig voll und kräftig. Unvergleichlich das fruchtig-blumige Aroma, leicht süßlich mit zarter Säure. Seine komplexe Fülle verträgt eine höhere Dosierung. Er bleibt lange am Gaumen und befriedigt höchste Ansprüche.

Wussten Sie, dass ...
das britische Königshaus ebenso wie James Bond in Ian Flemings Romanen Jamaika Blue Mountain trinken?

Kenia AA

In den Hochebenen von Kenia (1 000 bis 2 000 Meter) wachsen Arabicas mit einzigartigem fruchtigem Aroma und sanfter angenehmer Säure, die nicht für Espresso, dafür umso besser für Handfilter geeignet sind.

Kopi Luwak

Der ausgefallenste und seltenste Kaffee der Welt. Ca. 250 kg werden vom Kopi Luwak auf Java verkauft. Die reifen Früchte werden von der Palmzibetkatze (Familie Paradoxurus Hermaphroditus, wie dem Fleckenmusang) gefressen, die die Kaffeebohnen wieder ausscheidet. Im Verdauungstrakt der Tiere werden die Bohnen auf natürliche Art fermentiert. Das Ergebnis ist eine Sorte, die pro Kilogramm 1 000 US-Dollar kostet.

Der berühmte Kopi-Luwak-Kaffee wird direkt in Indonesien geröstet und verarbeitet. Er schmeckt süß nach Schokolade mit erdigen Untertönen. Die bedeutendsten Abnehmerländer sind die USA, Deutschland, Frankreich, Japan und Italien.

Kopi Luwak: der wahre Katzenkaffee!

Maragogype

Die größten aller Kaffeebohnen, auch Elefantenbohnen genannt, eignet sich besonders für Handfilter. Die Bohnen wachsen im Hochland von Mexiko, Nicaragua, Kolumbien und Guatemala. Die Sorte wurde nach ihrem Entdeckungsort im Norden Brasiliens benannt. Maragogype schmeckt sanft und mild mit nussig-süßer Note.

Mittlerweile lassen auch schon andere Staaten ihre Kaffeekirschen „organisch" fermentieren (z. B. in Brasilien durch Vögel, in Vietnam durch Wiesel oder gar durch Schweine).

Sulawesi Toraja, Kopi Tongkonan

Auf der Inselgruppe Sulawesi in Indonesien ernten Familien des Toraja-Stammes den Kaffee in ihren Gärten. Für diese Spezialität werden vollreife Kaffeekirschen einzeln gepflückt, in Holzfässer gefüllt und mit frischem Quellwasser aufgegossen. Dann wird das Fruchtfleisch vorsichtig mit einem Stößel entfernt, die Bohnen gewaschen und unter ständigem Wenden bis zu vier Wochen in der Sonne getrocknet. Die Pergamenthaut wird schließlich händisch entfernt.

Viele Händler/innen und Röster/innen halten den Sulawesi Toraja für den besten Kaffee der Welt. Er schmeckt kräftig-herb nach Bitterschokolade und leicht nussig-rauchig. Nur fehlerlose Bohnen werden in kleine Baumwollsäckchen gefüllt und für den Export in kleine bemalte Holzfässer gepackt.

Worm Bitten Menados

In Indonesien werden die rohen Bohnen für diesen Kaffee in humusreicher Erde vergraben, damit die Säure abgebaut wird. Auch Würmer knabbern gerne an diesen Bohnen. Der fertige Kaffee schmeckt ziemlich bitter und würzig-erdig.

Handel und Verarbeitung

Ziele erreicht? – „Handel und Verarbeitung"

1. Ergänzen Sie sinnvoll:

    Überwiegend wird Rohkaffee zum Transport abgefüllt, und zwar entweder _____

    oder in _____ -, _____ - oder _____ .

    Ganz spezielle Sorten werden auch in _____ exportiert.

2. Verbinden Sie richtig:

Lose als Schüttgut versandte Kaffeebohnen	Container
In Säcken abgepackte Kaffeebohnen	Bulkware

3. Beschreiben Sie, was mit den Kaffeebohnen im Zielhafen passiert.

4. Korrigieren Sie falsche Aussagen (streichen Sie durch und berichtigen Sie darüber):

    Unter dem Begriff Rösten versteht man das befeuchtete Erhitzen der Kaffeebohnen, in der Regel ohne Druck.

    Durch die Röstung wird das eigentliche Potenzial des Rohkaffees aufgeschlossen. Dabei spielt die spätere

    Verwendung keine Rolle. Rösten ist der wichtigste Schritt in der Kaffeeveredlung, da sich die Bohne chemisch

    völlig verändert, wobei sie jedoch ihre Aromen behält.

5. Beschreiben Sie die aufeinanderfolgenden Abläufe beim Rösten und geben Sie die entsprechenden Temperaturen an.

Farbveränderung	Temperatur	Veränderung in der Bohne

6. Beschriften Sie die dargestellten Röstverfahren.

3 Kaffeesorten aus den Regionen

6. Benennen Sie die jeweilige Röststufe und beschreiben Sie diese kurz.

7. Verbinden Sie zusammengehörende Texte.

Vakuumverpackungen mit Aromaventil	Dieses Verfahren wird bei der Befüllung von Kaffeeaufsatzbehältern (Dosen) für Espressomaschinen eingesetzt, wobei die Restluft in der Dose unter Druck durch Gase wie Stickstoff ersetzt wird. Diese ungiftigen, geschmacks- und geruchsneutralen Gase verlangsamen enzymatische oder bakterielle Prozesse (Oxidation des Kaffees).
Gasdichtes Wachspapier	
Kombination von Vakuum und Begasung (Überdruckverfahren)	Sie werden bevorzugt, da sich nach dem Verpacken Kohlendioxid verbreitet und durch das Ventil die Gase ausströmen können, ohne dass Luft von außen eindringt.
	Sie finden bei gemahlenem Kaffee Verwendung. Der Kaffee wird unter Vakuum versiegelt.
Folien-Vakuumverpackungen	Es ist eine preisgünstige Transportverpackung, meist in Kaffeefilialen in Verwendung.
Begaste Folienverpackung	Hier wird die Luft gegen Schutzgas (Stickstoff) ausgetauscht.

8. Finden Sie die gesuchten Spitzenkaffees und damit das gesuchte Lösungswort.

1 Welche Spitzensorte kommt zwar aus Äthiopien, wächst aber in Zentralamerika?
2 Welche Bohne wird von einer Schleichkatze fermentiert?
3 Wie heißt die Kaffeesorte mit den größten Kaffeebohnen?
4 Welcher Spitzenkaffee wird in kleinen bemalten Holzfässern exportiert?
5 Welcher Rohkaffee wird wie besonderer Wein zur Reifung etwa drei Jahre gelagert?

Lösung: _____

Kaffeeinhaltsstoffe

Die chemischen Bestandteile des Kaffees wirken nicht nur innerlich, sondern werden auch schon äußerlich angewandt, und zwar nicht nur als Oma's Kaffeesatz für die Blumenbeete ...

Gesunde Liebhaber/innen der braunen Bohne können laut Ernährungswissenschaft drei bis fünf Tassen pro Tag genießen. Bei moderatem Genuss überwiegen die positiven Aspekte.

Prinzipiell wirkt sich Kaffee stimulierend auf Herz, Kreislauf, Leber, Nieren, Magen und Darm aus.

> „Die beste Methode, das Leben angenehm zu verbringen, ist, guten Kaffee zu trinken. Und wenn man keinen haben kann, so soll man versuchen, so heiter und gelassen zu sein, als hätte man guten Kaffee getrunken."
> JONATHAN SWIFT

Meine Ziele

Nach Bearbeitung dieses Kapitels kann ich
- Inhaltsstoffe des Kaffees anführen;
- die Anteile der Bestandteile in Prozenten bewerten;
- die Wirkung dieser Stoffe beschreiben;
- den Koffeingehalt von verschiedenen Getränken vergleichen;
- einem Gast im Verkaufsgespräche Vor- und Nachteile von Kaffee und seiner Wirkung anhand von wissenschaftlich erwiesenen Daten erläutern.

1 Inhaltsstoffe

„Kaffee enthält noch andere Stoffe außer Wasser und Koffein?", fragt sich Katrin.

Die Bestandteile des Kaffees sowie seine chemische Zusammensetzung sind äußerst komplex und hängen von einer Vielzahl von Faktoren ab:
- Sorte und Varietät
- Anbaugebiet
- Klima
- Boden
- Reifedauer
- Aufbereitung
- Lagerung
- Alter der Rohware
- Transport
- Röstung usw.

Offenkundig gibt es keine zwei Kaffeesorten, die identisch sind. Der außergewöhnliche Geschmack und seine belebende Wirkung haben sehr früh die Neugierde und den Forscherdrang der Menschen geweckt.

Im Folgenden sind die wichtigsten Inhaltsstoffe, ihr Anteil und ihre Eigenschaften beschrieben.

Wussten Sie, dass ...
auf Anregung von Goethe bereits 1820 vom deutschen Chemiker Runge das Koffein isoliert wurde?

Inhaltsstoffe von Rohkaffee

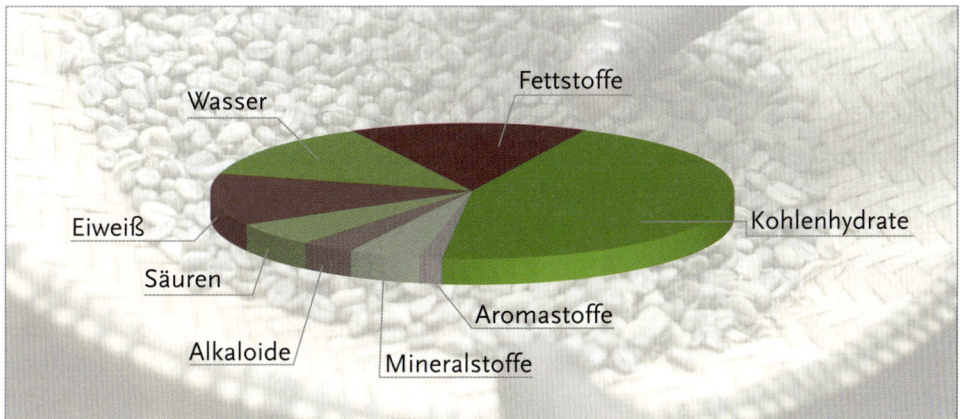

www.kaffeewirkungen.de

⚠️ Je nachdem, ob die Anteile in der Rohware, im Röstprodukt oder in der Tasse gemessen werden, kommt es zu unterschiedlichen Werten.

 Kaffee enthält keine Kalorien.

Kohlenhydrate

Der Anteil der Kohlenhydrate (Stärke) im Kaffee beträgt zwischen 30 und 40 %.

Sie bestehen zumeist aus wasserunlöslichen und -löslichen Polysacchariden sowie zu einem kleineren Teil aus Zuckern wie Saccharose, Glucose, Fructose und Arabinose.

Mit zunehmendem Röstgrad werden die Kohlenhydrate stark verändert. Entweder werden sie zu anderen Verbindungen abgebaut oder sie verschwinden fast völlig wie die oben erwähnten Zuckerstoffe.

Die wasserunlöslichen Polysaccharide, welche die Zellwandsubstanzen der Kaffeebohne bilden, bleiben beim Aufguss des Getränkes als Kaffeesatz zurück.

Wenn stärkehaltige Lebensmittel, wie eben auch Kaffee, starker Hitze ausgesetzt werden (Rösten), bildet sich Acrylamid. Dieser giftige Stoff steht unter Verdacht, Erbgut zu verändern und Krebs auszulösen. Deshalb wird der Wert in betroffenen Lebensmitteln von staatlicher Seite regelmäßig kontrolliert.

Kaffeeinhaltsstoffe

Fettstoffe

Etwa 10 bis 13 % beträgt der Gesamtgehalt an Fettstoffen (Lipide bzw. Kaffeeöle) im Rohkaffee. Arabica-Kaffee enthält mehr Kaffeeöle als Robusta-Kaffee.

Die Lipide befinden sich hauptsächlich in den Zellen der Bohne, ein kleiner Teil überzieht in feinster Wachsschicht die Oberfläche der Bohne.

Die Substanzen nehmen beim Rösten kaum ab, sodass ihr prozentualer Anteil angesichts des Einbrandverlustes im Röstkaffee steigt. Die Fettstoffe sind kaum wasserlöslich und verbleiben daher großteils im Kaffeesud.

Einbrandverlust = Gewichtsverlust beim Rösten.

Wasser

Der Wassergehalt im Rohkaffee beträgt etwa 12 %. Durch den Röstvorgang reduziert sich der Wasseranteil vorübergehend auf 1 bis 2 %. Nach dem Röstvorgang steigt der Feuchtigkeitsgehalt leicht an, darf aber den gesetzlich festgelegten Grenzwert von maximal fünf Prozent nicht überschreiten.

Eiweißstoffe

Der natürliche Eiweißgehalt (Proteingehalt) im Rohkaffee liegt bei etwa 11 %. Durch den Röstprozess werden die Eiweißstoffe fast vollständig abgebaut und wandeln sich zusammen mit Kohlenhydraten und den Chlorogensäuren zu Bräunungsprodukten um (Braunfärbung der Bohnen).

Die Inhaltsstoffe des Kaffees wirken auch äußerlich belebend: gegen Cellulitis, entschlackend

Säuren

Der Gesamtgehalt aller Säuren (Chlorogen-, Zitronen-, Apfel-, Essig-, China-, Milch- und Ameisensäure sowie Kahweol und Cafestol) im Rohkaffee liegt zwischen 4 und 5 %.

Die **Chlorogensäuren** nehmen von allen Säuren den höchsten Anteil ein. Diese für den Kaffee charakteristischen Säuren werden im Röstprozess je nach Röstgrad und Röstdauer zwischen 30 und 70 % abgebaut. Die Arabica-Sorten weisen niedrigere Chlorogensäurewerte auf als die Robustas.

Zu hohe Säurewerte können bei empfindlichen Personen Magenschmerzen und Sodbrennen hervorrufen.

Gewaschene Kaffees weisen in der Regel feinere Säuren auf als die trocken aufbereiteten. Für welche Zusammenhänge die „feine Säure" in hochwertigen Kaffees verantwortlich zeichnet, ist selbst nach der Entdeckung von 83 Säuren im Kaffee noch nicht vollständig geklärt.

Der Anteil der Chlorogensäure im Kaffee ist verantwortlich für die harntreibende Wirkung. Der Körper kann sich darauf einstellen und einen andauernden Flüssigkeitsverlust stoppen. Vier bis fünf Tassen Kaffee pro Tag verteilt wirken demnach nicht entwässernder als dieselbe Menge Wasser.

Die Höhe und die Zusammensetzung der Säuren beeinflussen den Geschmack des Kaffeegetränkes. Zu viele Säuren schaden dem Aroma, vor allem, wenn der Kaffee zu lange warm gehalten wird. Wenn der pH-Wert sinkt, schmeckt der Kaffee zu sauer und bitter und ist somit ungenießbar.

„Kaffee dehydriert den Körper nicht. Ich wäre sonst schon Staub."
FRANZ KAFKA

Laboranalysen: Prof. Leopold Edelbauer

Methoden der Kaffeezubereitung	Robusta-Sorten		Arabica-Sorten	
	Koffein	Chlorogensäure	Koffein	Chlorogensäure
Türkische Methode	2 168 mg/l	876 mg/l	1 187 mg/l	611 mg/l
Espresso-Methode	2 308 mg/l	596 mg/l	921 mg/l	447 mg/l
Karlsbader Methode	1 941 mg/l	592 mg/l	867 mg/l	422 mg/l

Alkaloide

Beim Kaffee ist an erster Stelle das **Koffein** zu nennen, das je nach Sorte einen Anteil zwischen etwa 0,9 % und 3,2 % im Rohkaffee ausmachen kann. Durch den Röstvorgang ändert sich der Koffeingehalt nur geringfügig.

In diese Stoffgruppe gehören ebenfalls das Trigonellin und die Nicotinsäure (Niacin). Trigonellin wird beim Rösten bis zu 75 % abgebaut. Niacin wirkt als Vitamin im menschlichen Organismus. So enthält eine Tasse Kaffee in etwa ein Zehntel des Tagesbedarfs eines Erwachsenen an Niacin. In Spuren sind noch Theobromin und Theophyllin im Kaffee vorhanden.

💡 Alkaloide sind stickstoffhaltige Natursubstanzen mit anregender Wirkung, die in bestimmten Pflanzengattungen vorkommen wie z. B. in Nachtschatten- und Hahnenfußgewächsen.

Mineralstoffe

Der Gehalt an Mineralstoffen im Rohkaffee beträgt rund 4 % und variiert nach Anbaugebiet und Sorte.

Etwa 90 % der Mineralstoffe finden sich wieder im Getränk. Den größten Prozentsatz nimmt Kalium ein, gefolgt von Kalzium, Magnesium und Phosphor als Phosphat. Fast alle Mineralstoffe sind in Spuren vorhanden. Die im Kaffee äußerst niedrigen Gehalte an Schwermetallen oder sonstigen Rückständen liegen an der Nachweisgrenze.

Aromastoffe

Mit einem Gehalt von bis zu 0,1 % flüchtigen Aromastoffen ist der Röstkaffee eines der aromareichsten Lebensmittel.

Aromen bilden sich erst durch den Röstprozess und werden durch das Mahlen der Bohnen und Aufbrühen erst richtig freigesetzt. Diese Geruchs- und Geschmacksstoffe, die in der Summe das Aroma bilden, machen erst die Einzigartigkeit des Kaffees aus.

Mehr als 800 flüchtige Verbindungen (ätherische Öle) des Röstkaffees sind bereits entdeckt worden. Nach wie vor harren aber noch einige hundert Stoffe ihrer Enträtselung. Erstaunlich ist auch, dass kein einzelner Aromastoff den typischen Kaffeegeruch auch nur annähernd erzeugt.

💡 Erst die Hitze des Röstvorganges kann die Vielfalt der Aromen freisetzen.

Wussten Sie, dass ...
es bis heute nicht gelungen ist, das Kaffeearoma künstlich zu erzeugen?

2 Wirkung von Kaffee

Oft hört man unter Leuten „Jetzt brauche ich aber eine Tasse Kaffee, sonst schlafe ich noch ein" – wie viel Wahrheit steckt in dieser vom Kaffee erhofften Wirkung?

Wie schon bei den Inhaltsstoffen erwähnt, spielt die gewählte Röstung von Kaffeebohnen eine wichtige Rolle für die später vorhandenen Inhaltsstoffe und deren Wirkung. Aber auch andere Faktoren spielen dabei noch eine Rolle. So ändert sich je nach Zubereitungsart auch die Wirkung des Kaffees. Prinzipiell regt er schwarz und ohne Zucker getrunken die Verdauungssäfte an, weshalb er den idealen Abschluss nach einem Essen bildet.

Kaffee, der klassische Muntermacher?

Kaffeeinhaltsstoffe

💡 Koffein ist ein Purin-Alkaloid mit anregender Wirkung auf das Zentralnervensystem. Zu große Mengen an stark koffeinhaltigem Kaffee führen zu körperlichen Beschwerden wie Zittern, Unruhe, Schlaflosigkeit, Herzklopfen, Schweißausbrüchen.

⚠ Man sollte mit Kaffee nicht zu oft den Schlaf hinauszögern, da Ruhe und Entspannung für ein produktives Leben wichtig sind. Das Absinken der Leistungsfähigkeit nach Alkoholgenuss kann durch Kaffeetrinken nicht ausgeglichen werden. Im Gegenteil, denn Kaffee konserviert den Alkohol im Blut. Die konsumierten Promille können also durch Kaffee nicht „weggetrunken" werden.

💡 Für die Entspannung in der Nervenzelle ist eine Substanz namens Adenosin verantwortlich. Wer müde ist, produziert mehr von diesem Stoff. Koffein vermindert die Wirksamkeit des Adenosins in der Zelle. Dadurch geht die Aktionsphase weiter, der natürliche Impuls nach Ruhe bleibt zunächst aus. Da sich der Körper mit der Zeit an das Koffein gewöhnt, schwächt sich der anregende Effekt jedoch ab.

Muntermacher

Durch die jeweilige Zubereitung ändert sich beispielsweise der vielzitierte Koffeingehalt. Im Milchkaffee oder Cappuccino ist etwas weniger Koffein als im schwarzen gefilterten Kaffee, weil sich das Koffein nur in Wasser und nicht in Milch vollständig auflöst.

Koffein ist aber auch in anderen Naturprodukten wie Tee, Kakao, Kolanüssen, Guarana, Mate enthalten.

Wie spürbar das Koffein auf den menschlichen Organismus wirkt, wie schnell die anregende Wirkung eintritt, hängt vom Koffeingehalt im Produkt sowie der Zusammensetzung der Nahrungsmittel ab.

Koffeinanteile in Kaffeegetränken und anderen Produkten	
Getränk (Menge)	**Durchschnittlicher Koffeingehalt**
1 Tasse (125 ml) Bohnenkaffee, im Filteraufgussverfahren gebrüht	80 bis 130 mg
1 Espresso (25 ml)	25 bis 30 mg
1 Tasse (125 ml) löslicher Kaffee	60 bis 100 mg
1 Tasse (125 ml) entkoffeinierter Kaffee	1 bis 4 mg
1 Tasse (125 ml) Tee, drei Minuten gezogen	20 bis 50 mg
1 Tasse (150 ml) Kakao	2 bis 6 mg
1 Dose (250 ml) Energy-Drink	80 mg
1 Glas (250 ml) koffeinhaltige Erfrischungsgetränke, inklusive Cola	17 bis 63 mg
1 Tafel (150 g) Zartbitterschokolade	15 bis 115 mg
1 Tablette Schmerzmittel	30 bis 100 mg

Das Koffein regt das zentrale Nervensystem an und setzt im Körper eine Reihe von verschiedenen Reaktionen in Gang. Es kommt zur Verlängerung der Aktivitätsphase in den Nervenzellen. Dieser Effekt bewirkt eine größere Wachheit und erhöht zeitweise die Konzentration und Aufmerksamkeit. Darüber hinaus beschleunigt das Koffein den Stoffwechsel sowie die Verbrennung von Kalorien.

Seine anregende Wirkung entfaltet Kaffee ungefähr 30 bis 45 Minuten, nachdem man ihn getrunken hat. Entsprechend der Reaktionsweise des einzelnen Menschen hält dieser kleine Aufputscheffekt zwischen eineinhalb und fünf Stunden an. Normalerweise wird Kaffee schnell vom Körper aufgenommen und langsam abgebaut.

Die Halbwertszeit liegt bei fünf bis zwölf Stunden. So lange dauert es, bis die Hälfte des Koffeins im Körper abgebaut ist.

„Doktor" Kaffee

Asiatische Wissenschafter/innen und Kaffee-Experten präsentieren immer neue Beweise für die positiven Auswirkungen des Lieblingsgetränkes vieler Menschen.

Kaffee weckt die Sinne, setzt Emotionen frei und weckt Körper sowie Geist. Neuen Erkenntnissen zufolge nützt Kaffee auch der Gesundheit. Forscher entdeckten, dass Menschen durch den Kaffeegenuss auf verschiedenste Art profitieren können.

Koffein spielt wie schon erwähnt eine wichtige Rolle, was die Steigerung der geistigen und körperlichen Leistung angeht. Seit den 90er-Jahren wenden sich die Wissenschafter/innen auch den Hunderten anderen Bestandteilen des Kaffees zu.

Kaffee steckt beispielsweise voller heilsamer Antioxidantien, die bekanntermaßen helfen, unseren Körper vor freien Radikalen zu schützen.

Außerdem regt regelmäßiger Kaffeekonsum in bestimmtem Maß die Leber an und kann sie so erwiesenermaßen sogar vor Leberzirrhose bewahren, wie Sie in der nachstehenden Untersuchung sehen.

💡 Kaffee hat wie Alkohol eine beschleunigende Wirkung auf den Organismus, was z. B. bei Allergikern mit einer Nussallergie beim Konsum einer Tasse Kaffee mit einer Nusstorte fatal sein kann.

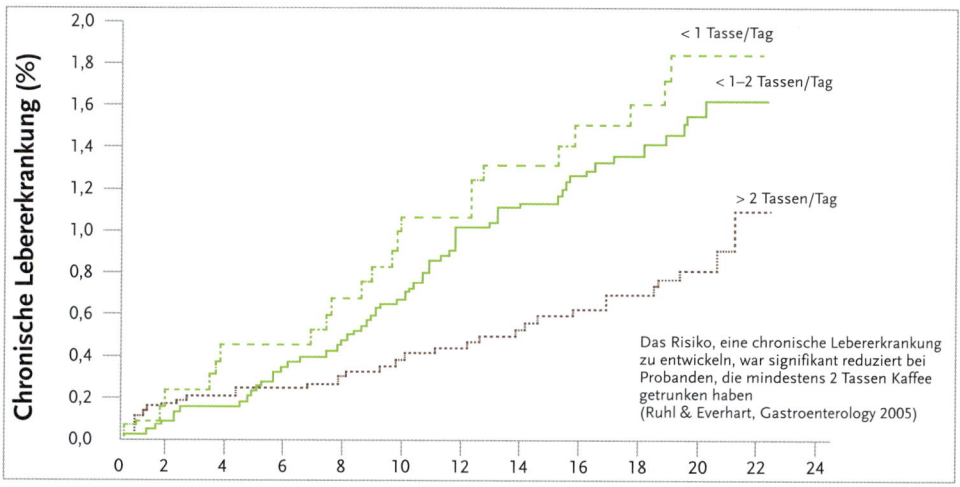

Quelle: Netzwerk Frauengesundheit, Fr. Prof. Ingrid Gerhard

⚠ Aber Achtung: Während im gefilterten Kaffee die Fettstoffe Cafestol und Kahweol so gut wie nicht vorkommen, bleiben sie in ungefiltertem Kaffee erhalten und können im Körper zu einem kurzzeitigen Anstieg des Cholesterinwertes führen.

Gemäßigter Kaffeekonsum (drei bis maximal fünf Tassen pro Tag) kann laut DGE und WHO im Zusammenspiel mit abwechslungsreicher, ausgeglichener Ernährung zur Gesundheit und zum allgemeinen Wohlbefinden beitragen.

DGE = Deutsche Gesellschaft für Ernährung.
WHO = World Health Organisation.

🎯 Ziele erreicht? – „Kaffeeinhaltsstoffe"

1. Welche Inhaltsstoffe im Kaffee kennen Sie?

2. Beschriften Sie das Kreisdiagramm mit den Kaffeeinhaltsstoffen und nennen Sie den jeweiligen Prozentanteil.

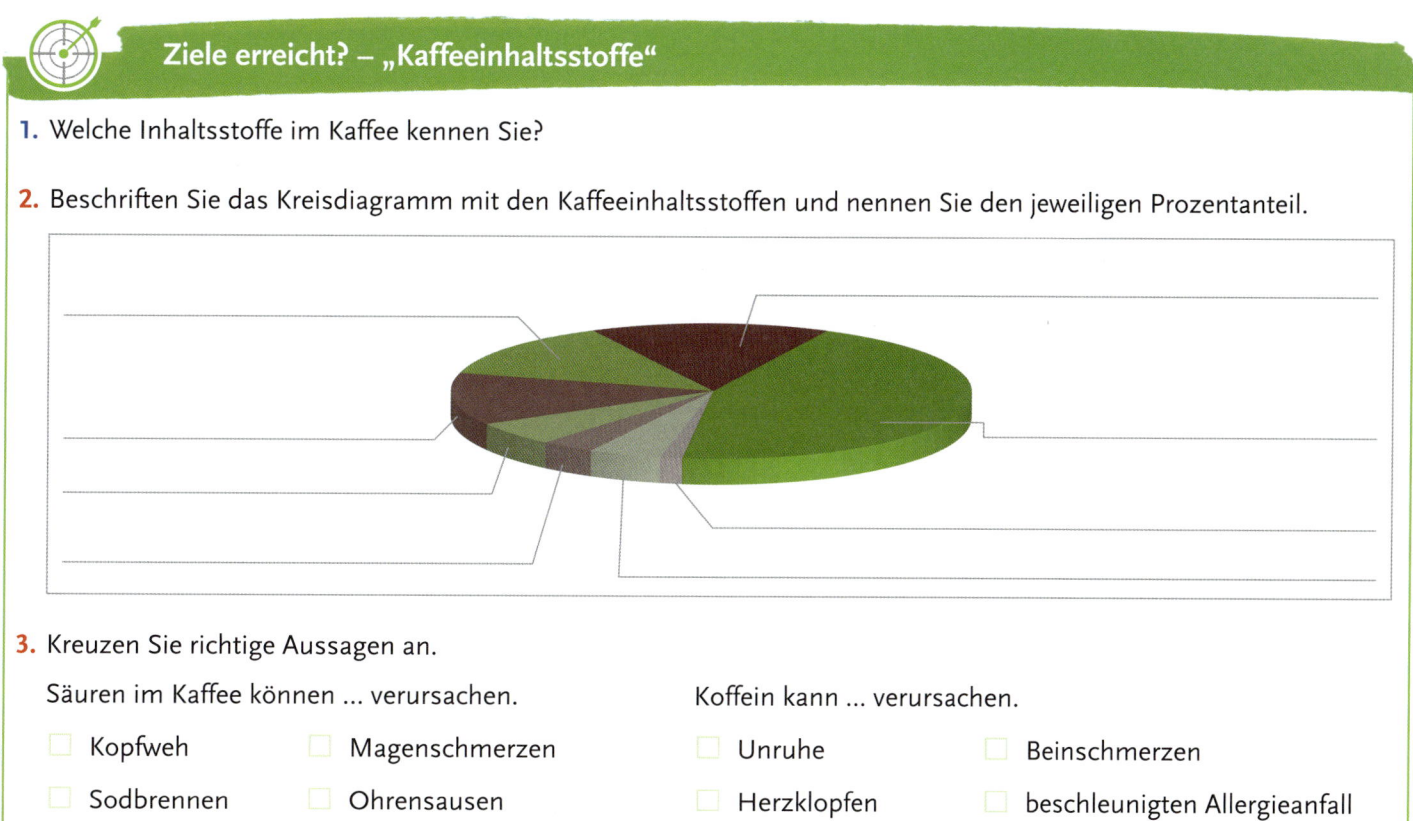

3. Kreuzen Sie richtige Aussagen an.

   Säuren im Kaffee können ... verursachen.   Koffein kann ... verursachen.

   ☐ Kopfweh   ☐ Magenschmerzen   ☐ Unruhe   ☐ Beinschmerzen

   ☐ Sodbrennen   ☐ Ohrensausen   ☐ Herzklopfen   ☐ beschleunigten Allergieanfall

Kaffeeinhaltsstoffe

4. Reihen Sie folgende Getränke vom koffeinreichsten zum koffeinärmsten:

Espresso, Kakao, Tee (drei Minuten gezogen), gefilterter Bohnenkaffee.

1 _____

2 _____

3 _____

4 _____

5. Argumentieren Sie mithilfe positiver bzw. negativer Aspekte im Gespräch mit einem Gast, der

- nach reichlichem Alkoholkonsum einen Espresso bestellt, um danach Auto fahren zu können,
- mit der Begründung, dass Kaffee schädlich ist, eine Bestellung ablehnt,
- bei Ihnen einen Espresso bestellt mit dem Hinweis, dass er diesen viel besser verträgt als seinen eigenen Filterkaffee zu Hause.

Kaffeeprodukte und ihre Zubereitung

Das Schönste an diesem Getränk ist seine Vielseitigkeit: Egal ob beim Anbau, bei der Ernte, der Aufbereitung, Röstung oder Mahlung, selbst bei der Zubereitung lässt es uns jede Wahl. So ist Individualismus wahrlich lebbar!

 Meine Ziele

Nach Bearbeitung dieses Kapitels kann ich
- Kaffeeprodukte und Ersatzstoffe nennen;
- darüber Auskunft geben, welche Faktoren das fertige Kaffeegetränk beeinflussen;
- Näheres über die Mahlung erzählen;
- den Einfluss von Wasserhärte erläutern;
- verschiedene Zubereitungsverfahren definieren;
- diverse Maschinen für die Kaffeezubereitung aufzählen;
- sowohl besondere Kaffeespezialitäten als auch einige besondere Kaffeegetränke beschreiben.

1 Kaffeeprodukte und Ersatzstoffe

Als Katrin klein war, hat sie ihren Malzkaffee mit viel warmer Milch geliebt. Aber zählt dieses Getränk eigentlich zu den richtigen Kaffees?

Kaffee ist in unterschiedlichen Preis- und Qualitätsstufen erhältlich. Beim Einkauf sollte nicht der niedrigste Preis, sondern die Qualität maßgebend sein. Je nach Verwendungszweck (bzw. Betriebstyp) und Zubereitungsart (Filter- oder Espressozubereitung) bieten die Röstereien unterschiedliche Mischungen an.

Um mit möglichst frischer Ware Kaffee zu machen, sollte der **Einkauf** auf den Verbrauch abgestimmt werden. Auch die Vorratsbehälter der Kaffeemaschinen sind nur mit der Menge aufzufüllen, die in den nächsten Stunden verbraucht wird. Optimal ist es, jede Portion direkt vor der Zubereitung frisch zu mahlen.

Kaffee sollte unbedingt **gut verschlossen, kühl** (10 bis 18 °C), **lichtgeschützt und trocken gelagert** werden.

 Wird Kaffee zu warm gelagert oder liegt z. B. beim Einkauf im Auto in der Sonne, verändern sich die Fette in der Bohne. Die Fette verflüssigen sich, dringen durch die Zellwände, bilden eine glänzende Schichte und lassen wertvolle Aromen frei. Im Lager, bei kühleren Temperaturen, wandelt sich diese Schichte zu einer klebrigen Konsistenz, die wiederum die gemahlenen Kaffeepartikel beeinflusst, was zu einem ungleichmäßigen Durchfluss bei der Extraktion führt.

Bei Verwendung von Vorratsdosen ist darauf zu achten, dass der Kaffee (gemahlen oder ungemahlen) nicht lose eingefüllt, sondern mit der aromasicheren Originalpackung in der Dose aufbewahrt wird. Durch den Kontakt mit Sauerstoff beginnen bei einem Umfüllen die im Kaffee enthaltenen Öle, Fette und Wachse zu oxidieren und Aroma geht verloren. Zudem werden Fette sowie ätherische Öle, die sich am Rand der Dose absetzen, im Laufe der Zeit ranzig und beeinflussen den Geschmack des Kaffees negativ.

Wussten Sie, dass ...
vor allem gemahlener Kaffee sehr rasch Fremdgerüche annimmt?

Ungeöffnete Packungen können auch im Kühlschrank gelagert werden. Eine weitere Möglichkeit der Aufbewahrung besteht darin, (vor allem gemahlenen) Kaffee gut verschlossen in das Gefrierfach zu geben. Hierbei konserviert die trockene Kälte das Aroma sehr gut.

Generell gilt, dass Bohnenkaffee nicht länger als zwei Wochen und gemahlener Kaffee höchstens eine Woche im angebrochenen Zustand aufbewahrt werden sollte. Eine Mindesthaltbarkeit für die ungeöffnete Originalpackung ist auf jeder Verpackung angegeben. In den Aromaschutz- bzw. Vakuumverpackungen kann Kaffee heutzutage über Monate bedenkenlos gelagert werden (siehe auch S. 54 f.).

1.1 Sortenreine Bohnenkaffees

Wie der Name schon sagt, handelt es sich um unvermischten Kaffee aus einer bestimmten Region bzw. von einer bestimmten Plantage. Die Sorten hierfür müssen qualitativ besonders gut sein.

1.2 Bohnenkaffeemischungen

Bohnenkaffee wird überwiegend als Mischung angeboten. Die wichtigsten Geschmacksmerkmale, nämlich Aroma, Säure und Fülle, die beim Rösten erreicht werden und beim Verkosten harmonieren sollen, besitzt selten eine einzelne Kaffeesorte.

Deshalb werden von den Kaffeerösterinnen und -röstern Mischungen zusammengestellt, die dann gemeinsam diese drei Faktoren in sich vereinigen.

1.3 Naturmilder Kaffee bzw. mild behandelter Kaffee

Diese Kaffees weisen einen leichteren und milderen Geschmack nach der Röstung auf, der jedoch nicht von einer Bearbeitung und Reizstoffverminderung herrührt, sondern auf der Verwendung spezieller Rohkaffeeprovenienzen in der Mischung beruht, die den Anteil der schmeckbaren Säuren reduziert.

Milde Kaffeesorten kommen vor allem aus Kolumbien und Brasilien.

1.4 Schonkaffee

Schonkaffees sind speziell behandelte Kaffees. Bei ihnen wird der Gehalt an bestimmten Inhaltsstoffen durch besondere Bearbeitungsverfahren vermindert, um die Bekömmlichkeit für die Konsumentinnen und Konsumenten zu verbessern.

Bereits um 1930 wurde festgestellt, dass Kaffee für empfindliche Personen bekömmlicher wird, wenn er vor dem Rösten nach dem sogenannten „Lendrich-Verfahren" mit Wasserdampf behandelt wird. Verschiedene Herstellerfirmen haben weitere Verfahren zur Minderung von Säuren und Reizstoffen entwickelt.

Bei manchen Konsumentinnen und Konsumenten treten nach dem Genuss von normalem Kaffee Beschwerden wie z. B. Sodbrennen oder Völlegefühl auf.

Schonkaffees gliedern sich in zwei Gruppen	
Koffeinhaltige Schonkaffees	Vor allem für viele magen-, galle- und leberempfindliche Menschen bekömmlicher.
Entkoffeinierte Schonkaffees	Zusätzlich noch für viele herz- und kreislaufempfindliche Personen verträglicher.

Folgende Verfahren mit dem Ziel zur besseren Verträglichkeit des Kaffees werden heute eingesetzt:
- Entfernung von Silberhäutchen und der dünnen Wachsschicht, die die Kaffeebohnen umgeben, durch mechanischen Abrieb (zusätzliche Reinigung des Rohkaffees).
- Bearbeitung des Rohkaffees mit Wasserdampf. Druck, Temperatur und Feuchtigkeit bewirken eine gewisse Veränderung der Rohkaffee-Inhaltsstoffe, speziell der Kohlenhydrate und Proteine. Daraus ergibt sich in der Folge ein Säureabbau und -umbau.
- Veränderung des Röstvorganges hinsichtlich Zeit und niedrigerer Rösttemperatur. Dadurch wird die Zusammensetzung des Röstkaffees beeinflusst, z. B. Säuren abgebaut. Der mildere Geschmack wird als bekömmlicher empfunden.

Als **Veredelung** bezeichnet man alle Verarbeitungsschritte von der Röstung bis zum fertigen Kaffee.

Kaffeeverbrauch weltweit	
im Jahr	Angabe in Sack Rohkaffee (à 60 kg)
1750	600 000
1850	4 000 000
1950	32 000 000
2001	100 000 000 (davon 1/4 in Brasilien)
2009	132 000 000

1.5 Entkoffeinierter Kaffee

Für jene Personen, die empfindlich auf Koffein reagieren, aber auf Kaffee nicht verzichten wollen, ist entkoffeinierter Kaffee eine Alternative.

Der Rohkaffee wird zuerst bedampft, um die Bohnenoberfläche und Zellstruktur für das kristalline Koffein durchlässig zu machen. Das Koffein wird mit Wasserdampf bzw. wässrigem Kaffee-Extrakt oder mit bestimmten Extraktionsmitteln (Kohlendi-

Berechnen Sie anhand der Tabellenangaben, wie viele Kilogramm (bzw. Tonnen) Kaffee 2009 weltweit verbraucht wurden.

⚠️ Die Extraktion des Koffeins ist kein chemischer Prozess, sondern ein physikalischer Vorgang. Nichts wird umgewandelt.

oxid, Essigester, Dichlormethan, Ethylacetat) aus den rohen Kaffeebohnen teilweise oder fast ganz herausgelöst.

Das Extraktionsmittel nimmt nur das Koffein aus der Rohbohne auf. Ist das Mittel mit Koffein gesättigt, wird es in einem weiteren Schritt von dem aufgenommenen Koffein befreit. Anschließend kann das Mittel weiterverwendet werden, bis fast das gesamte Koffein aus den Bohnen entfernt ist.

Schema der Entkoffeinierung

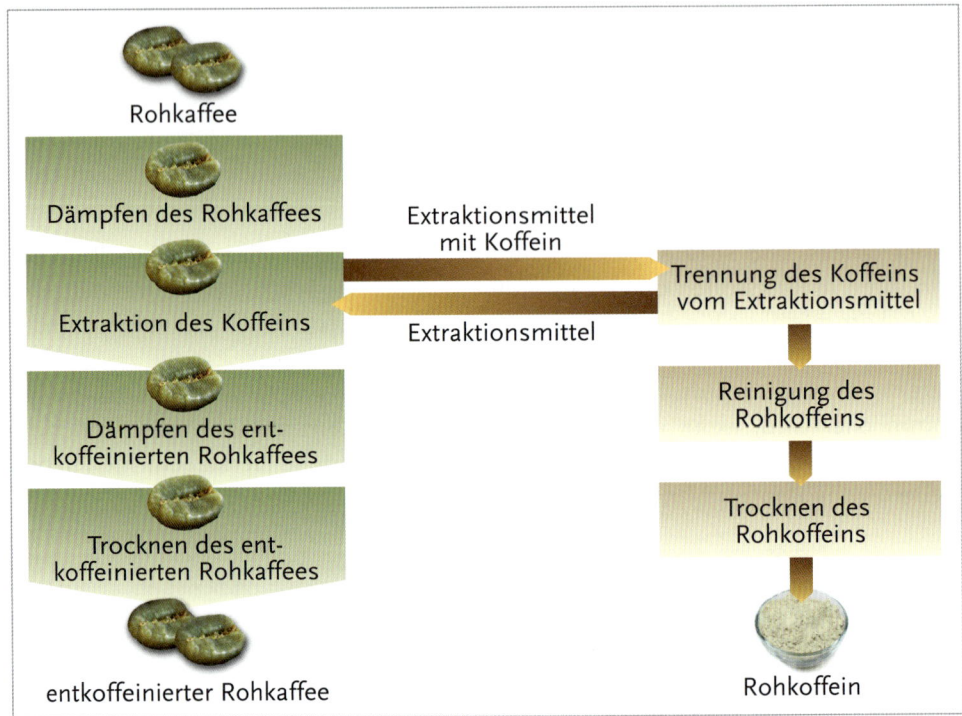

Erst nach einem Trocknungsprozess werden die Bohnen geröstet. Die Entkoffeinierungsmethoden müssen den EU-Vorschriften entsprechen, der Restkoffeingehalt im Rohkaffee darf höchstens 0,1 % in der Trockenmasse betragen.

💡 Seit 1987 wird in São Paulo an einem Projekt zur Koffeinreduzierung geforscht.

Brasilianischen Wissenschaftlern ist es gelungen, eine **koffeinfreie Kaffeepflanze** zu züchten. Die Pflanze gehört zu den Arabicas und kommt aus Äthiopien.

Von mehr als 3 000 untersuchten Pflanzen wurden drei Pflanzen gefunden, die einen Koffeingehalt von 0,76 Milligramm pro Gramm Trockengewicht aufweisen. Zum Vergleich: Die gängige „Mundo Nuovo"-Arabica-Pflanze enthält zwölf Milligramm.

Die neue Arabica-Pflanze heißt **„Alcides Carvalho" (AC),** benannt nach einem brasilianischen Wissenschafter und wird unter der Bezeichnung AC1, AC2, AC3 geführt. Die Pflanze muss nicht genetisch verändert werden, um einen geringeren Koffeingehalt zu besitzen. Sie lässt sich auch mit anderen gängigen Pflanzen kreuzen, wodurch eine weitere Verbreitung möglich ist. Laut den Forschern fehlt der Pflanze ein Enzym, das für die Koffeinproduktion entscheidend ist.

1.6 Instantkaffee (löslicher Kaffee)

Schon vor Jahrhunderten kam die Idee auf, den stimulierenden Bohnentrunk zu destillieren, um ihn damit länger halt- und lagerbar zu machen. Rekordernten in Brasilien einerseits und die Wirtschaftskrise Anfang des vorigen Jahrhunderts verschärften die Probleme. Um die Preise zu halten, wurden damals noch erhebliche Mengen Rohkaffee vernichtet.

Um künftige Überschüsse nicht mehr entsorgen zu müssen, suchte man Wege, Kaffeebohnen haltbarer zu machen. Umgesetzt wurde diese Idee 1901 in Chicago. Jedoch konnte diese Methode erst ab 1938 industriell genutzt werden, was der Schweizer Firma Nestlé zu verdanken ist. Es wurde nun möglich, in ernteneichen Jahren den Wertverlust durch nicht verkauften Kaffee zu mindern, da der Überschuss über längere Zeit haltbar gemacht werden konnte.

Löslicher Kaffee wird aus grobkörnig gemahlenem Röstkaffee gewonnen, der mit heißem (nicht mehr kochenden!) Wasser zu einem Extrakt aufbereitet und einem Trocknungsverfahren unterzogen wird.

Durch das Aufbrühen werden alle wertvollen Inhaltsstoffe, wie Geschmacks-, Aroma- und Farbstoffe aus dem Kaffeesatz herausgelöst. Diese sammeln sich in einem starken, dickflüssigen Kaffee-Aufguss, dem Kaffee-Extrakt, oder werden extra gesammelt (Sprühtrocknung). Durch die Trocknung des Kaffee-Extrakts entsteht löslicher Bohnenkaffee, wobei es zwei unterschiedliche Trocknungsverfahren gibt.

Löslicher Kaffee

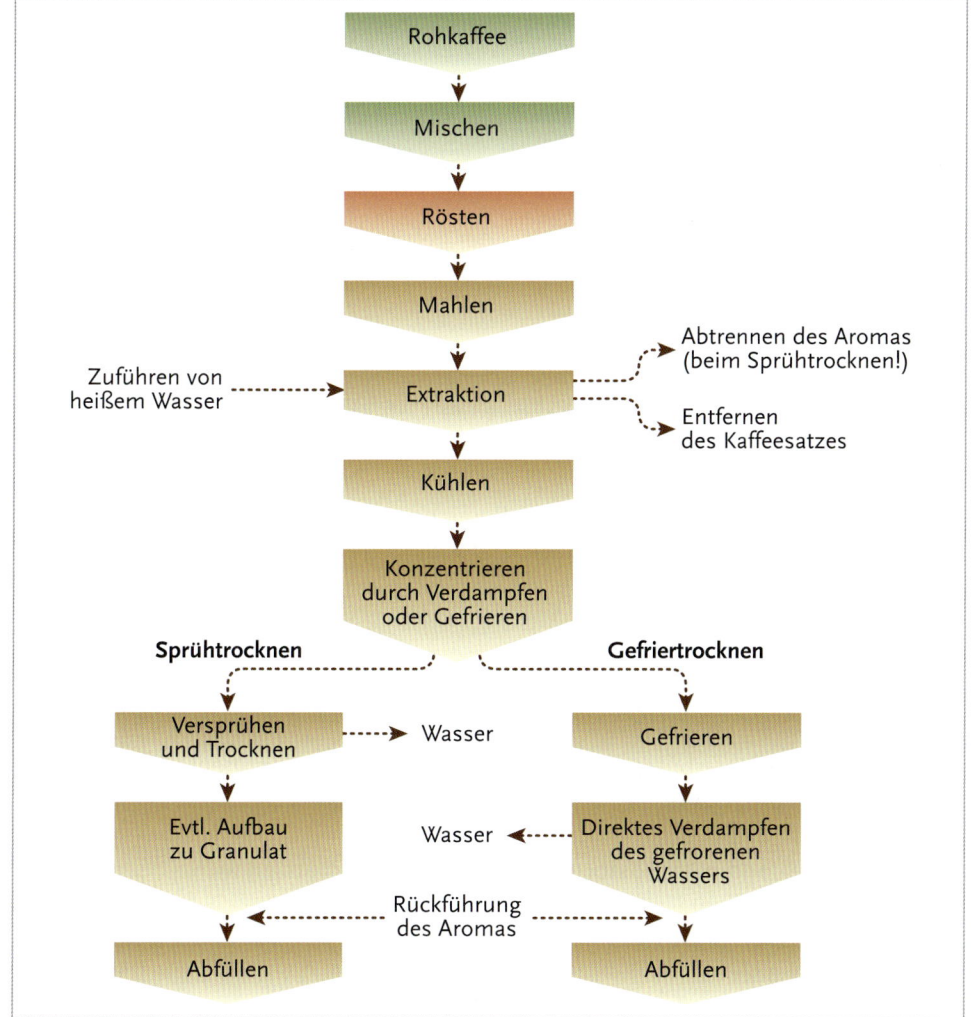

Instantkaffee gibt es als Granulat oder als Pulver

💡 Wasserlösliche Kaffeekonzentrate gibt es mittlerweile schon in Topqualität, was Gastronomiebetrieben vor allem bei Catering- oder Bankettaufgaben punkto Maschinen, Transport, Flexibilität, Personalschulung und Reinigung sparen hilft.

Stark vergrößerte Aufnahme von sprühgetrocknetem Kaffee

💬 Diskutieren Sie mit Ihren Kolleginnen und Kollegen über Ihre Erfahrungen mit Instantkaffee.

⚠️ Löslicher Kaffee darf keine Zusätze enthalten und besteht demzufolge zu 100 % aus reinem Kaffee.

💡 Löslicher Kaffee wird auch **entkoffeiniert** im Handel angeboten. Auch **Fairtraide-zertifizierter** löslicher Kaffee verzeichnet immer größere Nachfrage.

Aggregatform bzw. -zustand = physikalischer Zustand von Stoffen, z. B. fest, flüssig, gasförmig.

Wussten Sie, dass … Instantkaffees mit verschiedenen Geschmackszusätzen als „Kaffeegetränk" bezeichnet werden müssen?

⚠️ Wird Kaffee in der Gastronomie auf der Karte als solcher bezeichnet, muss er aus Bohnenkaffee hergestellt sein.

Trocknungsverfahren für Instantkaffee (Löskaffee)

Sprühtrocknung (älteres Verfahren)	Gefriertrocknung (modernes, produktschonendes Verfahren)

Beim Sprühtrocknen werden dem Kaffee-Extrakt zuerst die Aromastoffe entzogen. Der so aufbereitete Extrakt wird mittels Heißluftstrom in einen bis zu 30 Meter hohen Trockenturm gespritzt und dabei fein zerstäubt. Während des Absinkens trocknen die einzelnen Partikel fast vollständig aus und fallen als feine Hohlkügelchen auf den Boden des Turms. Durch Verdichtung entsteht löslicher Kaffee in körniger Form. Dem Pulver werden am Ende des Verfahrens die Aromastoffe wieder beigegeben.	Bei der Gefriertrocknung wird der Kaffee-Extrakt aufgeschäumt und sekundenschnell auf minus 40 °C tiefgefroren. Die körnige Schicht wird in winzige Pailletten (Eisplättchen) zermahlen und die Eiskristalle bei niedriger Temperatur in der Vakuumkammer verdampft. Durch das Vakuum sinkt der Siedepunkt des Wassers so weit, dass es verdunstet. Das Endergebnis ist löslicher Kaffee in fester Aggregatform. Der Vorteil dieses Verfahrens ist, dass die Aromastoffe größtenteils unbeschadet im Ausgangsprodukt verbleiben.

Anschließend wird das aus dem sprüh- oder gefriergetrockneten Verfahren gewonnene Pulver gesiebt, um die Verpackungsgläser jeweils mit der gleichen Korngröße zu befüllen.

Weltweit wird für die meisten löslichen Bohnenkaffees die Sprühtrocknung verwendet. Die kostenintensivere, aromaschonende Gefriertrocknung bleibt den besonders hochwertigen Sorten vorbehalten.

Löslicher Kaffee ist eine wesentliche Bereicherung des Kaffeeangebotes durch schnelle Zubereitung, gute Haltbarkeit und vielseitige Anwendungsmöglichkeiten.

1.7 Kaffee-Ersatzmittel (Surrogate)

Während des Kaffeeverbotes von 1780 und Napoleons Kontinentalsperre gegen England 1808 wurden Alternativen zum Bohnenkaffee gesucht.

Als Ersatzmittel fand man Röstprodukte aus anderen Pflanzen wie
- Feigen (Feigenkaffee),
- Zichorien (Zichorienkaffee),
- Gerstenmalz oder
- Roggenmalz (Malzkaffee).

Kaffee-Ersatzmittel und Kaffeezusätze haben in Österreich eine lange Tradition. Die Kaffeemittelmischungen namens Linde, Kathreiner und Korona sind ohne Koffein. Melanda ist eine Mischung, die 37,5 % Bohnenkaffee enthält.

1.8 Aromatisierte Kaffeemischungen

Unmittelbar nach dem Rösten werden die Bohnen mit natürlichen oder naturidenten Aromen besprüht. Die geschmacklichen Qualitäten des Basiskaffees bleiben dadurch voll spürbar, die zusätzlichen Aromen (Vanille, Haselnuss, Amaretto, Schokolade, Irish Cream, Grand Marnier, Schoko-Minze, Cappuccino etc.) runden den Kaffeegeschmack ab. Sie eignen sich vor allem zur Filterzubereitung, wo sich das Aroma gut entfalten kann, aber auch eine Espressozubereitung ist möglich.

Auf der Karte dürfen diese Kaffees als „Kaffee mit …geschmack" oder als „Kaffee mit … aromatisiert" angeboten werden.

1.9 Kaffeepads und -kapseln

Bei **Pads** ist die Kaffeemenge für eine Portion entweder
- in Papier (Softpads) oder
- Folie

eingeschweißt.

Manche Pads können in verschiedenen Geräten verwendet werden, andere nur in einem bestimmten Trägersystem.

Softpads, die lose, nicht einzeln, aromageschützt verpackt sind, sollten ähnlich wie Kaffeepulver aufbewahrt werden, da die Filterumhüllung nur in geringem Ausmaße das Aroma konserviert. Die einfachste Variante ist es, die wieder verschließbaren Aromaverpackungen der Herstellerfirmen zu benutzen. Andernfalls kommen luftdichte und lichtundurchlässige Gefäße in Betracht. Auch Blechdosen können verwendet werden, da es nur zu geringen Ablagerungen von ätherischen Ölen an den Dosenrändern kommt.

Bevor neue Kaffeepads aufbewahrt werden, die Dose ausspülen und gut trocknen lassen.

Kaffeekapseln sind mit verschiedensten Kaffeemischungen gefüllt erhältlich und eine zahlreiche Auswahl an Kaffeespezialitäten lassen sich mit Kapselsystemen zubereiten.

Inzwischen haben Kaffeekapseln nicht nur im privaten Haushalt, sondern auch im Büro, Hotelzimmer, Konferenz- und Besprechungsraum Einzug gefunden. Da Kapselsysteme einen höheren Preis pro Portion Kaffee voraussetzen, sollte man beobachten, wie viele Tassen Kaffee am Tag konsumiert werden.

Bei einem Kaffeekonsum von mehreren Tassen pro Tag ist die Zubereitung mit Vollautomaten günstiger, da Kapseln, Pads bzw. Tabs bis zu 74 Euro pro Kilogramm Kaffee kosten.

Kapseln aus Aluminium oder Verpackungen aus Kunststoff sind nicht umweltfreundlich und hinterlassen einen großen Müllberg. Kunststoff bzw. Schwermetall und Bioabfall lassen sich in diesem Fall schwer trennen.

Recyclingsysteme, die den Kaffeesatz vom Aluminium trennen, sind aber bereits erhältlich.

Kaffeekapsel- und Padsysteme sind aufgrund der einfachen Handhabung gerne in Verwendung

Sprechen Sie in Ihrer Klasse über die Erfahrungen mit Einzelportionssystemen.

2 Zubereitungsarten

Filterkaffee, Espressomaschinen, spezielle Geräte aus dem Süden – Robert findet die Kaffeezubereitung sehr vielfältig und möchte gerne über Vor- und Nachteile bzw. Besonderheiten Bescheid wissen.

Die ersten wirklichen Kaffeetrinker/innen waren Araber/innen, die den Bohnentrank aus frisch über dem Feuer gerösteten Kaffeebohnen, die anschließend in Mörsern zerstampft und mit kochendem Wasser übergossen wurden, herstellten.

In den verschiedenen Verbraucherländern sind heutzutage Geschmack und daher die Zubereitungsweise oft sehr unterschiedlich.

Faktoren, die das Kaffeegetränk aus gerösteten Bohnen beeinflussen (außer den Menschen und Maschinen):
- Mahlgrad
- Kaffeemenge
- Wasser (Qualität und Menge)

💡 Wichtige Grundvoraussetzungen vor der Zubereitung:
- die Qualität des Rohkaffees,
- die Mischung der Rohkaffeesorten,
- die Art und Intensität der Röstung und
- die Verpackung und Lagerung.

Mahlung (Mahlgrad)

Der Mahlvorgang hat einen großen Einfluss auf die Kaffee-Extraktion. Wesentlich dabei ist, möglichst gleiche Partikel (Teilchen) zu erzielen.

Mahlvorgang
- Durch Druck wird die Struktur des Mahlgutes in kleinere Teile gebrochen. Das Mahlen öffnet also die Zellen der Bohnen und setzt die Inhaltsstoffe frei, die sich so später im heißen Wasser lösen und ihre Aromen entfalten können.
- Diese Teile werden durch die scharfen Kanten der Mahlscheiben zu feinen Schichten abgeschabt.

Gleichmäßig gemahlener sowie komprimierter (Tampen siehe S. 88) Kaffee bietet dem Wasser größeren Widerstand und mehr Inhaltsstoffe können herausgelöst werden.

Sind die Mahlscheiben bzw. Messerkanten stumpf, werden die Bohnen nicht mehr gebrochen bzw. geschabt, sondern gequetscht. Dadurch entstehen größere Pulverkrumen, wodurch das Wasser bei der Extraktion ungleich und schneller durchfließen kann.

⚠️ Da oft baugleiche Mahlwerke bei gleicher Einstellung des Gewindes unterschiedliche Ergebnisse bringen, sollte man den Mahlgrad immer nach der Durchlaufzeit und dem Geschmack des Kaffees einstellen.

Der Mahlgrad muss auf die Art der Kaffeezubereitung (Extraktionsmethode) abgestimmt sein. Das entscheidende Merkmal dabei ist die Durchlässigkeit des Kaffeepulvers. Bei den Filtermethoden sollte die **Kontaktzeit** (Wasser/Pulver) ca. vier Minuten betragen. Für die Zubereitung eines kleinen Espressos ist eine Kontaktzeit von 25 Sekunden (+/– 5 Sekunden) bei 25 ml Kaffee (+/– 2,5 ml) vorgesehen.

Bei **zu fein gemahlenem** Kaffee verlängert sich die Kontaktzeit und es werden mehr Koffein, Chlorogensäure, Bitter- und Röststoffe ausgelaugt. Bei zu **grober Mahlung** schmeckt der Kaffee dünn und leer. Die Kontaktzeit ist zu kurz, Geschmacks- und Aromastoffe können nicht extrahiert werden.

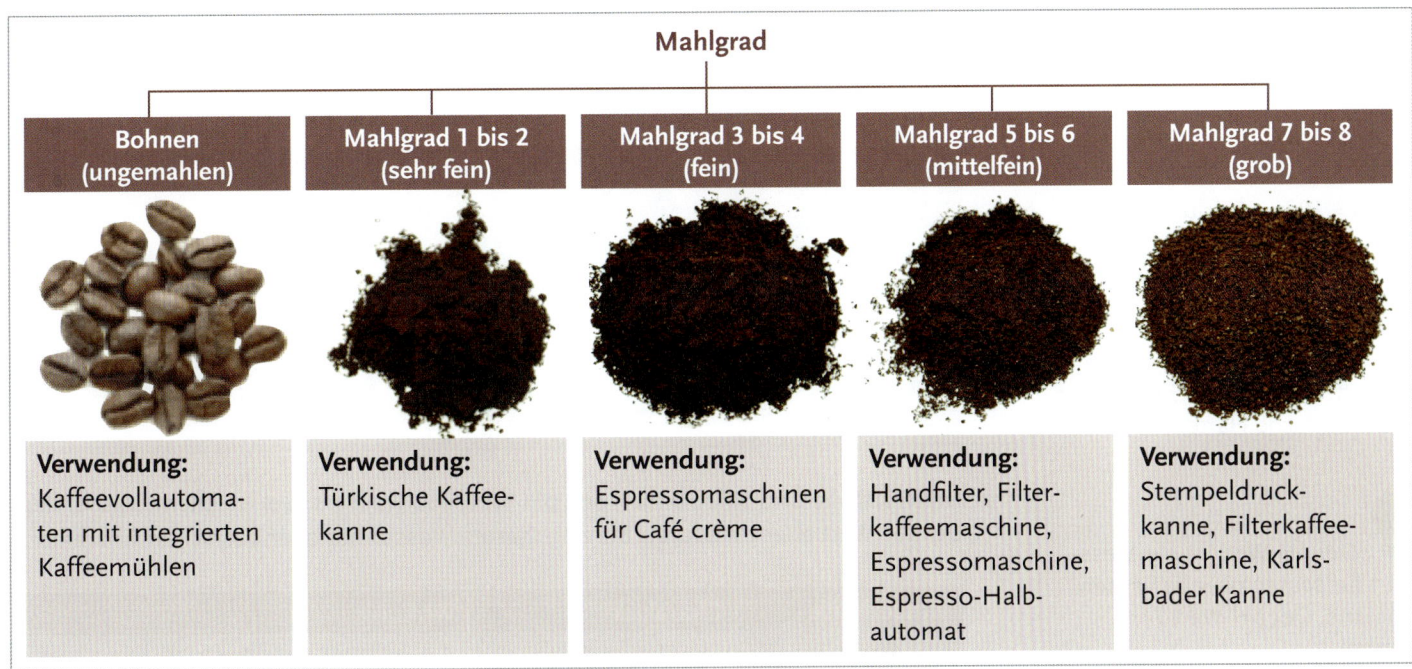

Die Mahlung sollte erst unmittelbar vor der Zubereitung stattfinden und der Mahlvorgang schonend durchgeführt werden. Wird eine Temperatur von 40 °C überschritten, verflüchtigen sich Aromen und ätherische Öle. Überhitzt die Mühle, gerät außerdem die Zusammensetzung der Proteine (Einweißstoffe) aus dem Gleichgewicht und das Resultat ist ein bitterer Kaffee mit unangenehmem Geruch.

Als **Vorbrühen** oder **Preinfusion** wird das Befeuchten des Kaffeemehls vor der eigentlichen Extraktion bezeichnet, wobei das Pulver aufquillt und eine stabilere Masse bildet. Vorgebrühtes Kaffeepulver gibt die Aromastoffe bei der Extraktion besser frei.

Läuft ein Espresso in weniger als 20 Sekunden durch die Maschine, muss der Kaffee künftig feiner gemahlen werden – braucht er länger als 30 Sekunden, benötigt man gröberes Kaffeepulver.

Gemahlener Kaffee ist stark hygroskopisch (feuchtigkeitsanziehend) und verliert seine Aromastoffe etwa 50-mal schneller als ganze Bohnen.

Für einen Liter Filterkaffee werden nur etwa 60 Gramm Kaffee verwendet, für eine Tasse Espresso etwa sieben bis acht Gramm.

Kaffeemenge

Die Kaffeemenge wird von der Zubereitungsart, der Tassenanzahl und vom subjektiven Empfinden (kräftiger oder schwacher Geschmack) bestimmt. Die Pulvermenge ist nicht nur entscheidend für den Geschmack, sondern auch für die Bekömmlichkeit des Kaffees.

Bei zu hoher oder zu niedriger Dosierung verlängert oder verkürzt sich die Kontaktzeit von Wasser und Kaffee und es entsteht trotz guter Kaffeequalität, Röstung und Mahlgrad ein Getränk, das entweder bitter schmeckt oder wenig Aroma besitzt.

Wasser

Jede Tasse Kaffee besteht zu mehr als 98 % aus Wasser, deshalb hat die Wasserqualität einen wesentlichen Einfluss auf das Endprodukt. Ideal für Kaffee wäre ein weiches, neutrales Quellwasser. Auswirkungen auf den Geschmack des Kaffees haben in diesem Zusammenhang
- der Härtegrad und
- der pH-Wert.

Der Ober bringt einer hübschen Besucherin eine Tasse Kaffee und versucht mit ihr ins Gespräch zu kommen.
Ober: „Es sieht ein bisschen nach Regen aus, oder?"
Besucherin: „Ja, aber es könnte auch Kaffee sein."

Kaffeeprodukte und ihre Zubereitung

Je mehr Kalzium Wasser enthält, desto härter ist es. Die härtebildenden Mineralstoffe und Salze im Wasser bilden mit dem nicht oder schwer löslichen Chlor und Sulfat einen bestimmten Nebengeschmack.

1 °dH = 10 mg Calciumoxid in einem Liter Wasser.

Wasserhärte (gemessen in °dH = Grad deutscher Härte)	
0 bis 4 °dH	sehr weich
4 bis 8 °dH	weich
8 bis 12 °dH	mittelhart
12 bis 18 °dH	ziemlich hart
18 bis 30 °dH	hart
über 30 °dH	sehr hart

⚠️ Die ideale Wasserhärte für Kaffee liegt bei sechs bis acht Grad deutsche Härte.

Mineralstoffe und Salze bilden den pH-Wert des Wassers. Bei weichem Wasser liegt der pH-Wert eher im sauren Bereich, hartes Wasser hat eher basischen Charakter.

💡 Der pH-Wert ist ein Messwert für sauren oder basischen Zustand. Der pH-Wert 7 ist neutral.

Wasserhärte	Charakter	Wirkung
Weiches Wasser	Eher saurer, niedriger pH-Wert	Betont die Säure des Kaffees.
Hartes Wasser	Eher basisch, hoher pH-Wert	Extrahiert nicht so gut. Die feinen Fruchtsäuren (besonders bei Arabica-Sorten) werden neutralisiert, dem Kaffee fehlen Aroma- und Geschmacksfülle. Er wirkt fad, aber auch schnell bitter.

Hartes Wasser führt auch zu **Kalkablagerungen** in den wasserführenden Teilen der Kaffeemaschinen. Je nach Wasserbeschaffenheit bzw. Problemstellung werden entweder Enthärtungsanlagen (Ionenaustauscher) oder Filtertechniken (Membran-, Aktivkohlefilter) eingesetzt.

⚠️ Vor Inbetriebnahme der Kaffeemaschine muss die Wasserqualität überprüft und ein entsprechendes Filtersystem eingesetzt werden.

Für die Kaffeezubereitung sollte immer frisches Wasser mit einem pH-Wert von 7,0 und einer Gesamthärte (Karbonathärte und Nichtkarbonathärte) von 8 °dH verwendet werden.

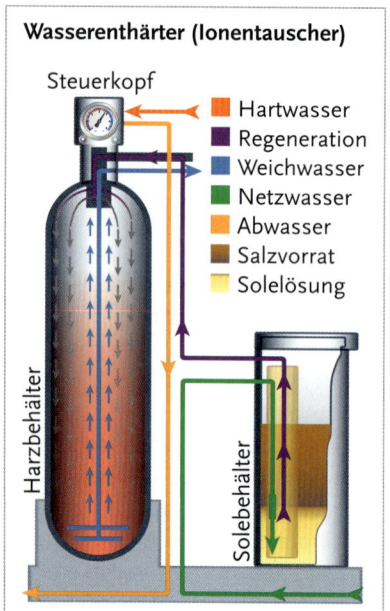

Funktion des Wasserenthärters (Ionenaustauscher)	
Enthärter (älteres Verfahren)	Im Enthärter befinden sich synthetische Harze, die den Kalk des Wassers binden. Dies geschieht durch einen Austausch zwischen den Kalk- und Magnesiumionen des Wassers und den Natriumionen der Harze. Durch diese chemische Reaktion werden Kalzium und Magnesium mit den Harzen gebunden, sodass sich trotz der hohen Wassertemperatur kein Kalksteinbelag im Druckkessel und in den Leitungen bildet. Je nach Wasserverbrauch und Wasserhärte müssen in regelmäßigen Zeitabständen die gesättigten Harze regeneriert werden. Dazu wird Kochsalz (Natriumchlorid) im Enthärtungswasser gelöst (Sole), die Harze mit Wasser gespült und der Enthärter kann wieder weiter betrieben werden.

Automatische Enthärter (modernes Verfahren)	Heute werden vorwiegend automatische Enthärter eingesetzt, die den Waschzyklus automatisch steuern, wobei das harte, kalkhaltige Wasser ein Austauschermaterial in Lebensmittelqualität durchströmt. Dabei wird der Kalk im Ionenaustausch-Verfahren dem Wasser entzogen und an das Austauschermaterial gebunden. Das so gewonnene „0 °dH-Wasser" wird mit hartem Wasser auf die gewünschte, ideale Wasserhärte vermischt. Ist die Kapazität des Austauschermateriales erschöpft, wird es mit einer geringen Menge Kochsalzlösung reaktiviert und anschließend gespült. Die Regeneration läuft isoliert von der Trinkwasserversorgung ab – Salzlösung und Trinkwasser kommen nicht miteinander in Berührung. Auch während der kurzen Regenerationszeit ist die Wasserversorgung über einen „Bypass" (also eine Umgehung) sichergestellt.

 Das Ionenaustausch-Verfahren ist ein Prinzip, das sich seit Jahrzehnten weltweit bewährt.

Je nach Höhe des Ortes über dem Meeresspiegel, an dem die Kaffeemaschine steht, reduziert sich der Siedepunkt um 0,5 °C pro 100 m Meereshöhe, das heißt, in 600 m Höhe ist der Siedepunkt bereits bei 97 °C erreicht.

Neuartige Tischwasserfilter mit Magnesium entziehen dem Wasser unerwünschte Stoffe und reichern es mit Magnesium an, damit das Kaffeemehl besser aufquillt, sich das Aroma verstärkt und die Crema optimiert wird.

Die Temperatur des Wassers, das mit dem gemahlenen Kaffee beim Brühvorgang in Berührung kommt, sollte nicht über 95 °C liegen oder gar kochen. Der Siedepunkt darf nicht überschritten werden.

2.1 Zubereitungsverfahren und deren Maschinen

Fachlich wird bei der Kaffeezubereitung zwischen
- „Kaffee kochen" wie bei der türkischen Methode und
- „Kaffee zubereiten" wie bei Filter- und Espressomaschinen
unterschieden.

Bei der ersteren wird Kaffeepulver und Wasser gemeinsam zum Sieden gebracht. Bei der zweiten Methode wird zuerst das Wasser zum Sieden gebracht und erst dann über das Kaffeepulver gegossen.

Jede Art der Kaffeezubereitung beeinflusst das Kaffeegetränk auf ihre Weise.

Kaffee (speziell Arabica-Sorten mit feiner Fruchtsäure) reagiert im wahrsten Sinne des Wortes „sauer", wenn er mit zu heißem Wasser aufgegossen wird.

Filteraufguss (Filtermethode)

Auf einen Papier- oder Metallfilter wird **mittelfein gemahlener** Kaffee gegeben und mit frischem, heißem (nicht kochendem) Wasser aufgegossen (aufgebrüht). Die ideale Wassertemperatur liegt je nach Kaffeesorte zwischen **86 und 90 °C.**

Handfilterung

Filtermaschine

 „Mütter sind jene wundervollen Wesen, die morgens aufstehen können, bevor der Kaffee duftet."
AMERIKANISCHES SPRICHWORT

Kaffeeprodukte und ihre Zubereitung

Das Zauberwort der Brühsysteme heißt Frische. Der Kaffee sollte sofort nach der Zubereitung konsumiert werden, für optimalen Genuss nach wenigen Minuten. Durch die flüchtigen Aromen und die Oxidation mit Sauerstoff kann Kaffee nur begrenzt in Vorratsbehältern bzw. Thermoskannen aufbewahrt werden.

Als Richtlinie beim Warmhalten gelten bis zu 20 Minuten bei offenen Behältern bzw. bis zu 60 Minuten in der Thermoskanne (Temperatur: 80 bis 85 °C). Wer so viel Filterkaffee herstellt, dass er länger als 30 Minuten in der einfachen Kanne bleibt, muss mit einem enttäuschenden Ergebnis rechnen! Bei der Anschaffung von Filtermaschinen sollte daher die Leistungsfähigkeit des Brühsystems und nicht die Größe des Vorratsbehälters im Vordergrund stehen. Bei Filtermaschinen sind nach Gebrauch Brühkopf und Wasserbehälter zu reinigen.

> Der durchschnittliche heimische Haushalt verfügt über statistische 1,7 Kaffeemaschinen, wobei die Filtergeräte von den Espressomaschinen und Einzelportionssystemen zurückgedrängt wurden.

Karlsbader Methode

Eine interessante Filtervariante ist die Zubereitung in der Karlsbader Kanne, die sich auch exzellent für die individuelle Zubereitung beim Tisch des Gastes eignet.

Nach Ansicht vieler Kaffee-Experten und -Expertinnen gelingt mit dieser Zubereitung ein fein aromatischer, milder, bekömmlicher Kaffee. Es ist erfreulich, dass in Kaffeehäusern und Restaurants Kaffee aus der Karlsbader Kanne wieder vermehrt angeboten wird.

Karlsbader Kanne

Porzellanfilter

Wasserverteiler

Wasserverteiler mit Filter abheben und servieren

Die Karlsbader Kanne besteht aus einer Porzellankanne, einem Porzellanfilter mit Siebboden und einem Wasserverteiler mit Deckel, der nach der Zubereitung als Kannendeckel verwendet wird.

Die frisch gemahlenen Bohnen sollten gröber **(grießkörnig)** als bei anderen Filtersystemen sein. Eine sogenannte Griffprobe ist am Beginn der Mahlung zu empfehlen.

Die Kaffeemenge beträgt **für die erste Tasse zehn Gramm** und **für weitere Tassen sechs bis acht Gramm,** je nach individuellem Empfinden.

Die Kanne soll vorgewärmt werden, dann das Kaffeepulver in den Porzellanfilter geben. Den Wasserverteiler aufsetzen und mit ca. **88 °C heißem Wasser** aufgießen. Der Brühvorgang dauert maximal vier Minuten.

Anschließend den Porzellanfilter mit dem Wasserverteiler entfernen, die Kanne mit dem Deckel verschließen und den Kaffee einschenken.

Die Karlsbader-Zubereitung kann als besonders umweltfreundlich bezeichnet werden. Es wird außer zur Wasserbereitung keine Energie eingesetzt und auch kein Papierfilter benötigt.

Türkische Zubereitung

Diese Zubereitung ist in der Türkei, in Griechenland, im gesamten Balkanraum und in vielen orientalischen Ländern üblich. Türkischer Kaffee wird auch bei uns von vielen Gästen geschätzt und kann ebenfalls beim Tisch des Gastes zubereitet werden.

Türkischer Kaffee

Wird der Kaffee ohne Zucker zubereitet, kann man dazu Rahat bzw. Lokumi (Lokum) servieren. Dabei handelt es sich um Stücke einer zähen, sehr süßen Konfektmasse aus Stärke und Zucker, angereichert mit Mandeln, Pistazien oder Kokosraspeln. Man nimmt ein Stück in den Mund, zerkaut es und trinkt anschließend den Kaffee. So wird der Kaffee im Mund gesüßt.

Die Bohnen werden **mehlfein** mit der türkischen Kaffeemühle gemahlen. Pro Tasse werden ca. **sechs Gramm** in ein Kupferkännchen mit Stiel (Cezve) gegeben und, je nach Wunsch, Zucker und eine Prise Kardamon beigemengt.

Je nach Zuckerbeigabe unterscheidet man bei türkischem Kaffee
- sade – ohne Zucker,
- utra – mit wenig Zucker und
- sekerly – mit viel Zucker.

Anschließend wird der Kaffee mit kaltem Wasser aufgegossen. Da der Kaffee beim anschließenden Kochen aufschäumt, darf das Kännchen nicht bis zum Rand aufgefüllt werden. Den Kaffee lässt man dreimal aufkochen und kurze Zeit setzen (Kaffeesatz nicht abfiltern!). Nach weiteren zwei Minuten wird er in Mokkagläser oder Tassen gefüllt und serviert.

Durch das mehrmalige Aufkochen brennt der Kaffeesud meist an, wobei dieses Aroma von Kennern dieser Zubereitung durchaus erwartet wird.

Kaffeeprodukte und ihre Zubereitung

💡 Dieser Kaffee soll nach der Herstellung nicht mehr lange stehen gelassen werden, da er immer noch ein wenig nachzieht und bitter wird. Sollte er also nicht gleich getrunken werden, ist es besser diesen Kaffee umzugießen.

Pressstempelkanne (Chambord/French Press, Percolator-Methode)

Diese Art der Kaffeezubereitung erfreut sich vor allem in Frankreich großer Beliebtheit. Bei der Zubereitung mit der Pressstempelkanne wird das grießkörnig, also gröber gemahlene Kaffeepulver (sieben bis acht Gramm/Tasse) in das Glasgefäß gegeben und sofort mit heißem Wasser aufgegossen.

Nach etwa vier bis fünf Minuten Ziehzeit wird durch das Runterdrücken des Filterstabes der Kaffee gefiltert und gleichzeitig der Kaffeesud auf den Boden des Behälters gedrückt. Die French Press ist vor allem für die Zubereitung kleinerer Kaffeemengen sehr praktisch und kostengünstig.

Percolator-Methode   French Press mit Siebstempel

💬 Diskutieren Sie in der Gruppe, wie man Kaffee aus der Espressokanne bezeichnen könnte, da er ja den klassischen Espressokriterien (siehe S. 81) streng genommen nicht entspricht.

Espressokanne (Macchinetta, Mokkapot)

Diese ursprünglich aus Italien kommende Kanne besteht aus drei Teilen und ermöglicht einen Aufguss durch Dampf. Im unteren Siedeteil wird auf der Herdplatte Wasser erhitzt, der Dampf steigt mit einem Druck von etwa 1,5 bar in einem Rohr nach oben und durchfließt dabei den mittleren Teil, den Filter, in dem das Kaffeepulver (7 g pro Person) liegt. Der Dampf kondensiert und sammelt sich als Kaffee im oberen Teil der Kanne, von wo er auch ausgegossen wird.

Espressokanne im Querschnitt   Espressokannen

Aeropress

Mit der Aeropress wird Kaffee kräftig, schnell und schonend extrahiert. **Fein gemahlener** Kaffee **(sieben bis acht Gramm/Tasse)** wird **mit heißem Wasser (etwa 88 °C)** im Zylinder der Aeropress gut verrührt.

Anschließend wird der Kolben mit der Gummidichtung in den Zylinder der Aeropress eingesetzt und langsam nach unten gedrückt. Dabei bietet der eingeschlossene Luftpolster großen Widerstand. Durch den hohen Druck wird das Wasser durch das Pulver gepresst und der Kaffee schonend extrahiert. Der Wasserdruck ist also höher als bei herkömmlichen Presskannen, die Extraktionszeit kurz wie bei einem Espresso, der Kaffee wird dadurch kräftiger und weicher.

Durch den eingesetzten Filter gelangen kaum Schwebstoffe in die Tasse.

Aeropress   Aeropress-Kolben mit Filter   und Gummidichtung

Espressozubereitung (Espressomaschinen)

Das Wort Espresso bedeutet so viel wie schnell oder rasch. Der Espresso ist der Inbegriff des Kaffees. Sein Siegeszug begann 1855, als auf der Weltausstellung in Paris die erste Espressomaschine präsentiert wurde. Ab 1901 erfolgte in Italien die industrielle Serienfertigung von derartigen Maschinen. Für einen echten italienischen Espresso ist eine Siebträgermaschine nötig.

Für die Espressozubereitung werden ca. **sieben Gramm fein gemahlener Kaffee** (+/− 0,5 g) verwendet. Für die Zubereitung eines Espressos ist eine **Kontaktzeit von 25 Sekunden** (+/− 5 Sekunden) und ein **Brühdruck von 9 bar** (+/− 1 bar) bei **25 ml Kaffee** (+/− 2,5 ml) vorgesehen. Die Temperatur beim Austritt der Brühgruppe beträgt **88 °C** (+/− 2 °C). Espresso kann in entsprechend kleinen Tassen oder passenden Gläsern serviert werden.

Die im Handel erhältlichen Kaffeemaschinen weisen unterschiedliche Betriebssysteme auf:
- Pumpenmaschinen (eine Pumpe sorgt für den Wasserdruck).
- Kolbenmaschinen (ein mechanisches Prinzip sorgt für den Druck).
- Vollautomatische Maschinen (ein hydraulisches System sorgt für den Druck).

Espressomaschinen arbeiten mit einem Druck von etwa 9 bar (was einem Gewicht von 20 kg entspricht) und einer Wassertemperatur (Brühtemperatur) von ca. 92 °C. Erst dieser hohe Druck und diese Temperatur führen zur Emulsion (feinen Verteilung) der kaffeeeigenen Öl- und Fettsubstanzen und zur sogenannten Crema.

Die Crema liefert wichtige Hinweise auf die korrekte Einstellung sowie Abstimmung von Kaffeemischung, Kaffeemühle (Menge und Mahlgrad) und Kaffeemaschine (Brühtemperatur und Druck).

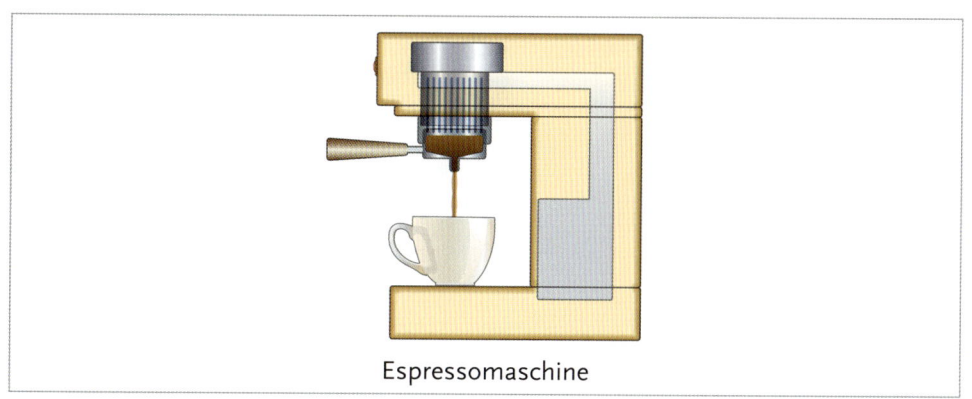

Espressomaschine

> **Wussten Sie, dass ...**
> Achille Gaggia aus der Gegend von Mailand als der Erfinder der Espressomaschine gilt?

Gut zubereiteten Espresso erkennt man an der haselnussbraunen Crema, einer dichten, feinporigen Schicht, die den Zucker einige Sekunden hält, bevor er versinkt und die Crema sich wieder schließt. Er ist ein besonders magenfreundlicher Kaffee.

💡 Haushaltsmaschinen sind mehrheitlich günstig, klein, leicht in der Bedienung und einfach zu reinigen, wobei Zugeständnisse an die Kaffeequalität gemacht werden müssen.

Kaffeeprodukte und ihre Zubereitung

💡 Kaffee ist ein Genussmittel, das sehr schnell fremden Geruch und Geschmack annimmt. Die besten Materialien für die Aufbewahrung, Herstellung und das Service von Kaffee sind Glas, Porzellan, Edelstahl und hochwertige Kunststoffe.
Kommt der gebrühte Kaffee in Kontakt mit Sauerstoff und Materialien wie Eisen, Kupfer und Messing, verstärken sich die sauren und bitteren Inhaltsstoffe.

Für die Gastronomie gibt es zahlreiche Spezialmaschinen, die sowohl ganze Bohnen als auch Kaffeepulver, Frischmilch, aber auch Milchpulver sowie verschiedene Geschmackspulver (z. B. Schokoladepulver) verarbeiten können und zudem über automatische Spül- und Reinigungssysteme verfügen.

✏️ Beschriften Sie die nebenstehende Grafik.

✏️ Beschreiben Sie Ihrer Nachbarin/Ihrem Nachbarn die Funktionen und die Handhabung der Maschinen aus Ihrem Betrieb.

Siebträgermaschine, Halbautomat

Diese Kaffeemaschinen mit dosierter, ständiger Ausgabe sind entweder mit einer Elektropumpe oder mit einem mechanischen System (Kolben) ausgestattet, die mit einem Wasserdruck von 9 bar das Kaffeepulver extrahieren.

Bei der Pumpenmaschine wird das Wasser direkt vom Versorgungsnetz entnommen und durch einen Wärmetauscher auf die benötigte Temperatur erhitzt. Dem Wärmetauscher ist eine volumetrische Pumpe vorgeschaltet, die den benötigten Wasserdruck erzeugt.

Die Zeitspanne vom Beginn des Durchlaufs bis zum Erscheinen der ersten Kaffeetropfen wird als Quellzeit bezeichnet und beträgt ca. fünf Sekunden. Während des Durchlaufs füllen sich die Leitungen in der Brühgruppe langsam mit Wasser, sind sie voll, wird das Wasser bei neun Atmosphären auf die Kaffeedosis gepresst. So werden die Substanzen aus dem Kaffeepulver verflüssigt.

Die halbautomatische Kaffeemaschine mit dosierter, ständiger Ausgabe setzt sich im Wesentlichen aus folgenden Bestandteilen zusammen:
- Druckkessel
- Ausgabegruppe mit Wärmetauscher
- Wärmequelle
- Elektropumpe oder Kolben
- Dampfentnahmehahn (zum Aufschäumen von Milch)
- Heißwasserentnahmehahn (Teewasser)
- Überwachungsvorrichtungen (Druckwächter, Höhenanzeiger des Wasserstandes)
- Siebträger mit Siebeinsatz (Filterhalter)

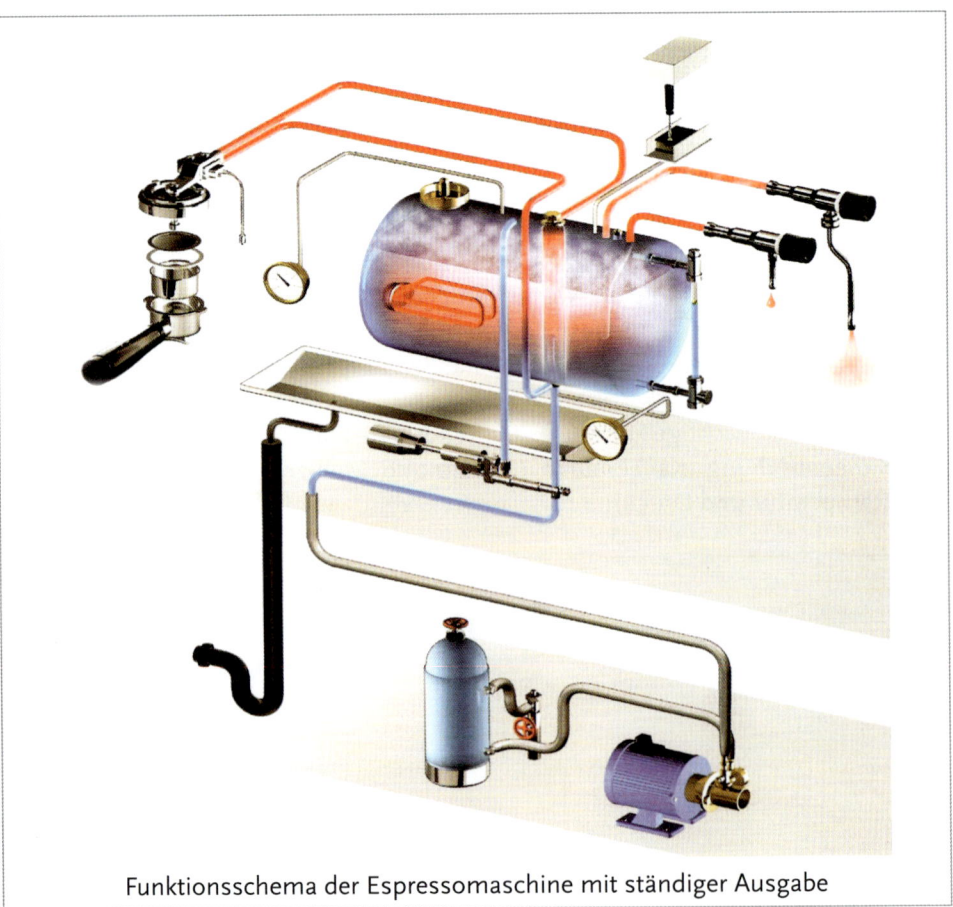

Funktionsschema der Espressomaschine mit ständiger Ausgabe

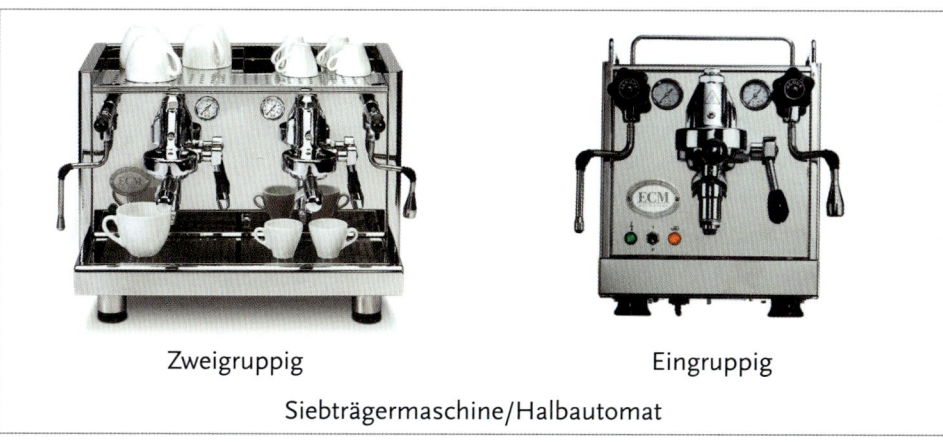

Zweigruppig   Eingruppig

Siebträgermaschine/Halbautomat

Die Mahlung und Portionierung des Kaffees erfolgt mit einer separaten Mühle direkt in den Siebträger. Dabei ist zu beachten, dass das Pulver gleichmäßig verteilt und gepresst wird (siehe S. 88). Vor dem Einsetzen in die Maschine wird der Rand des Siebträgers von Kaffeemehlresten befreit, um die Dichtungsringe zu schonen.

Der Siebträger hat zwei Funktionen. Erst
- presst er das Brühsieb gegen die Brühkopfdichtung und dann
- leitet er den aufgebrühten Kaffee in die untergestellten Tassen.

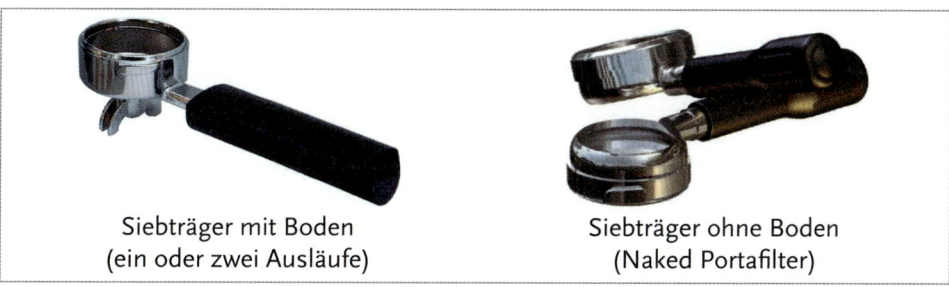

Siebträger mit Boden   Siebträger ohne Boden
(ein oder zwei Ausläufe)   (Naked Portafilter)

Damit das Brühsieb beim Ausklopfen des Kaffeesudes nicht aus dem Siebträger fällt, wird es daher mit einer Feder bzw. Klammer festgehalten.

Handhebelmaschine

Für Genießer/innen und wahre Liebhaber/innen eines Espressos ist die Zubereitung mit der Handhebelmaschine ein besonderes Ritual. Sie ist die Königin unter allen Arten der Zubereitung, wobei die Arbeit mit ihr etwas Übung und viel Geschick erfordert.

Bei diesen Espressomaschinen wird in dem großen Boiler das Wasser erhitzt und auf Temperatur gehalten. Bei der Kaffeezubereitung wird eine Portion Wasser über ein Ventil in eine separate Kammer gefüllt und mit dem Handhebel durch das Kaffeemehl im Siebträger gepresst. Gleichzeitig kann auch heißer Wasserdampf für die Zubereitung des Milchschaums entnommen werden.

Vollautomatische Kaffee-/Espressomaschine (Vollautomat)

Diese Automaten sind mit modernster Kaffeebrühtechnik ausgestattet. Viele Kaffeespezialitäten sind programmierbar und werden über ein Bedienungsfeld (LCD-Display) per Knopfdruck zubereitet. Außerdem verfügen sie über einen oder mehrere Vorratsbehälter für verschiedene Kaffeesorten mit integrierter Mühle.

Das heiße Wasser wird durch ein feines Stahlnetz (Dusche, Brühsieb) gleichmäßig auf das angepresste Kaffeepulver im Filter verteilt

Auslauf ohne Boden

Kaffeeprodukte und ihre Zubereitung

⚠️ Bei Betriebspausen von sechs bis acht Stunden ist das Gerät nicht auszuschalten.

Qualitätsmaschinen in der Gastronomie vereinen beste Qualität mit modernsten Kontroll-, Einstellungs- und Wartungsmöglichkeiten und lassen sich mit allen gängigen Abrechnungs- und Kontrollsystemen verbinden

⚠️ Maximal zwei Tassen übereinander stellen. Tassen immer am Henkel anfassen und nicht am Rand, wo der Gast trinkt.

„Ein/e Barista putzt die ganze Zeit, daneben macht er/sie Kaffee", so ein Barista-Weltmeister zum Thema Hygiene. Kaffeereste würden beispielsweise am nächsten Tag nur bittere Ergebnisse zulassen.

In Vollautomaten steuern bzw. kontrollieren Computer folgende Abläufe
- Frische Mahlung des Kaffees aufgrund der programmierten Feinheit und Dosierung
- Kontrolle des Drucks, der Temperatur und der Wassermenge für den Aufguss
- Automatische Milchaufschäumung und Zufügung für diverse Kaffeespezialitäten
- Kaffeesatz-/Sudauswurf mit Selbstreinigungssystemen
- Selbstdiagnose bei eventuellen Störungen
- Automatische Reinigungs- und Entkalkungsprogramme
- Erhebung der gespeicherten Daten
- Kompatibles Schankanlagen-Abrechnungssystem

Diese Maschinen lassen sich daher sehr einfach bedienen. Um guten Kaffee zu bereiten, sollte sich die Kaffeegenießerin bzw. der Kaffeegenießer bzw. die Mitarbeiterin oder der Mitarbeiter an folgenden Punkten orientieren.

Bedienung einer Espressomaschine (Halbautomat, Siebträgermaschine)
Frisches, enthärtetes Leitungswasser verwenden (abgestandenes Kesselwasser über die Heißwasserentnahme entleeren).
Wassertemperatur im Kessel zwischen 100 °C und 120 °C. Temperatur des Aufgusswassers zirka 92 °C (der genaue Wert hängt von der verwendeten Kaffeemischung ab).
Wasserdruck auf neun Bar.
Vor der Zubereitung des ersten Kaffees Filterträger in die Brühgruppe einsetzen und mit heißem Wasser gut erwärmen.
Vor Arbeitsbeginn einige Sekunden Dampf durch die Dampfdüse ablassen (Leerbezug).
Saubere, trockene Tassen mit der Öffnung nach oben am Tassenwärmer aufbewahren, somit wird der Tassenboden stärker erhitzt und nicht der Tassenrand, an dem man sich den Mund verbrennen kann. Wenn die Maschine eingeschaltet ist, lässt die abgegebene Hitze die Luft aufsteigen und somit kann kein Staub in die Tassen gelangen.
Siebträger vor dem Einspannen in die Brühgruppe mit dem Finger von Kaffeepulverresten befreien. Somit kommt es zu keinen Schäden an der Dichtung des Brühkopfes und in der Folge zu keinem Wasseraustritt beim Siebträger. Dichtungen immer wieder überprüfen, damit kein Wasserverlust zwischen der Brühgruppe und dem Filterträger während der Durchlaufphase entsteht.
Richtige Tasse in Position bringen. Ausgabedauer für einen kleinen Schwarzen (25 bis 30 ml) zwischen 25 und 30 Sekunden.
Siebträger nach dem Ausklopfen von Sudresten mit einem dafür bestimmten Tuch auswischen. Wasser ist nicht erforderlich. Den trockenen, sauberen Siebträger bis zur nächsten Verwendung (ohne Kaffeesud) eingespannt lassen, dadurch bleibt der Siebträger heiß und die Dichtungsringe trocknen nicht aus.
Tropftassen und Auffangtassen immer wieder waschen bzw. abwischen, damit keine Kaffeerückstände auf den Unterboden der Tasse bzw. auf die Untertasse gelangen. Ebenso die Sudladen und Abschlagbehälter laufend reinigen.
Dampfdüse nach dem Milchaufschäumen mit einem eigenen Tuch säubern, um eine Verkrustung sowie Keimbildung zu vermeiden. Vor und nach dem Aufschäumen kurz Dampf ablassen.

2 Zubereitungsarten

Tägliche Reinigung nach Geschäftsschluss
- Dampfdüsen durch Dampfablassen spülen und mit heißem Wasser reinigen.
- Dampfrohrdüse abschrauben und Dampfrohr mit spezieller Bürste reinigen und nachspülen.
- Die Brühgruppe mit dem Blindfilter/Blindsieb reinigen.
- Dichtungen und Duschen mit einer Teflonbürste säubern.
- Sudlade entleeren und reinigen.
- Siebträger über Nacht nicht einsetzen, damit die Brühgruppe belüftet wird und kein Muffton entsteht.
- Sudladen und Abschlagbehälter säubern.
- Filtereinsätze aus dem Siebträger entfernen und gründlich reinigen (evtl. über Nacht in Reinigungslösung einweichen und vor Arbeitsbeginn gut spülen).

Filtereinsätze aus Edelstahl für eine bzw. für zwei Portionen Kaffee

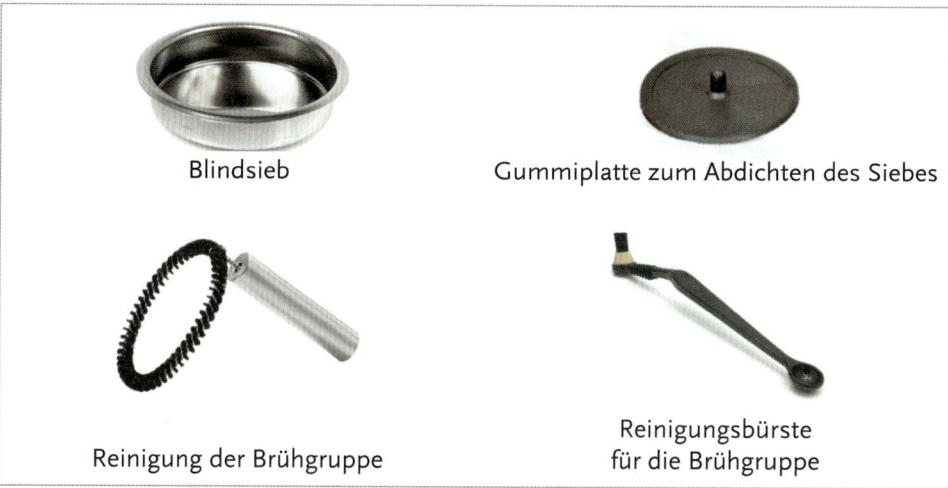

Blindsieb · Gummiplatte zum Abdichten des Siebes

Reinigung der Brühgruppe · Reinigungsbürste für die Brühgruppe

Brühvollautomaten verfügen über ein eigenes Reinigungssystem, das nach Verwendung eingeschaltet wird. Die Entkalkung und Reinigung der Brühgruppe sind mit den vorgegebenen Reinigungs-/Entkalkungstabletten der Herstellerfirmen durchzuführen.

💡 Profis und Liebhaber/innen richten ihre Einstellung auch nach der Umgebungsfeuchtigkeit: z. B. verlangsamt feuchteres Kaffeepulver die Extraktion und der Kaffee schmeckt bitter und weniger aromatisch. Umgekehrt läuft bei zu trockenem Pulver der Kaffee zu rasch durch und er schmeckt wässrig.

Kaffeemühlen

Neben einer perfekt eingestellten Espressomaschine hat vor allem die Kaffeemühle bei der Kaffeezubereitung eine wichtige Funktion. Sie mahlt die Bohnen und portioniert das Kaffeepulver.

Die Kaffeebohnen enthalten Fette, Öle und Wachse, die beim Mahlen und vor allem beim Aufbrühen durch die hohe Wassertemperatur gelöst werden und sich an den Kontaktflächen anlegen. Da diese Stoffe mit Sauerstoff oxidieren, beeinflussen sie auch den Geschmack. Es ist daher sehr wichtig, die Kaffeemühle (Bohnenbehälter, Dosierbehälter, Presser) sowie die Kaffeemaschine (Brühgruppe, Dampfrohr, Tropftasse, Siebe und Siebträger) täglich mit Sorgfalt zu reinigen.

Beim Einkauf von Mühlen ist zu beachten, dass sie einen starken Motor mit gleichbleibender Drehzahl besitzen. Die Mahlgradeinstellung sollte feine Abstufungen aufweisen und die Mahlscheiben aus gehärtetem Stahl sein. Auf eine einfache Bedienung, Einstellung, Reinigung und Wartung sollte Wert gelegt werden.

Die Portionierung kann entweder direkt in den Siebträger oder mittels einer Vorrichtung in einen Dosierbehälter erfolgen.

Das Entfernen (Ausbürsten) von Kaffeeresten mittels Pinsel von der Siebträgerauflage, aus den Mahlscheiben, aus dem Dosierbehälter und aus den Öffnungen der Mühle in den Behälter bzw. in den Siebträger gehört zu den täglichen Reinigungsarbeiten.

Kaffeeprodukte und ihre Zubereitung

💡 Durch eine Schraube im Dosierbehälter oder unterhalb des Dosierbehälters kann die Kaffeemenge bei der Kaffeemühle mit Vorratsbehälter geregelt werden.

📌 Der **Stampfer** bzw. **Anpresser** (Stampfnase) dient dazu, den gemahlenen Kaffee zusammenzupressen und somit einen kompakten Kuchen im Siebträger zu bilden. Die gepresste Pulvermenge muss gleichmäßig, flach verteilt sein, um so eine volle Extraktion des Kaffeepulvers beim Brühvorgang zu erreichen.

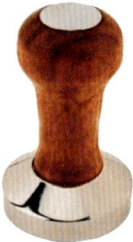

Tamper

Dosiermühlen findet man vorwiegend in der Gastronomie.

Dosiermühlen

Sie besteht aus einem Vorratsbehälter für Kaffeebohnen mit Deckel, der auf der Kaffeemühle fixiert wird. Durch den Verschlusshebel am unteren Teil des Einfülltrichters werden die Bohnen zum Mahlwerk weitergeleitet. Der Behälter sollte nur mit der Bohnenmenge befüllt werden, die in den nächsten Stunden benötigt wird, da eine zu lange Aufbewahrung zu Aromaverlusten führt.

Dosiermühlen

ohne Vorratsbehälter	mit Vorratsbehälter
■ Portion wird frisch gemahlen. ■ Genaue Einzel- und Doppelportionierung. ■ Mit bzw. ohne Stampfnase erhältlich, evtl. erfolgt Verdichtung mit Tamper. ■ Bohnenbehälter muss täglich entleert und gereinigt werden.	■ Kaffee wird vorgemahlen: Aromaverlust! ■ Teilweise ungenaue Portionierung des Kaffeepulvers durch das sogenannte Mitnahmesystem (Hebel am Dosierbehälter). ■ Das vorgemahlene Kaffeepulver kann Luftfeuchtigkeit aufnehmen (schwierig zu verdichten). ■ Bohnentrichter und Vorratsbehälter müssen täglich entleert und gereinigt werden.

Die professionellen Dosierkaffeemühlen können sich auch durch die Art des Mahlwerks unterscheiden.

Dosiermühlen

mit Scheibenmahlwerk	mit Kegelmahlwerk

Bei dieser Mühle werden die Kaffeebohnen durch **zwei Mahlscheiben** aus gehärtetem Stahl zerkleinert. Beide Scheiben weisen die gleiche Größe auf und sind gegenläufig, die eine ist an der Antriebswelle und die andere am Gewindering befestigt.	Bei dieser Kaffeemühle besteht das Mahlwerk aus **zwei Kegeln** mit unterschiedlicher Form. Ein Teil hat die Form eines stumpfen Kegels und ist an der Antriebswelle befestigt. Der zweite Teil ist außen zylindrisch und innen umgedreht kegelförmig und am Gewindering montiert.

Der Mahlgrad wird durch den Abstand der Mahlscheiben bestimmt. Durch die hohe Rotationsgeschwindigkeit von 900 bis 1 400 Umdrehungen pro Minute kommt es bei langem Gebrauch zu einer Überhitzung des Mahlgutes und somit zu Geschmacksveränderungen (siehe Mahlung, S. 74 f.).

Diese Mühlen eignen sich für einen täglichen Kaffeeverbrauch von drei bis vier Kilogramm und sollten nach etwa 500 kg auf Verschleiß überprüft bzw. gewechselt werden.

Aufgrund der geringeren Rotationsgeschwindigkeit von 400 bis 500 Umdrehungen pro Minute ist ein Erhitzen des Mahlgutes wesentlich geringer. Dafür mahlen sie nicht so genau und können einen höheren Staubanteil produzieren, der später die Sieblöcher verstopft.

Maschinen mit Kegelmahlwerk eignen sich für einen täglichen Kaffeeverbrauch von mehr als vier Kilogramm. Die Mahlkegel sollten nach etwa 1 200 Kilogramm überprüft bzw. gewechselt werden.

💡 Da die Kaffeeöle in Wärme rasch oxidieren und unangenehm ranzig riechen bzw. bitter schmecken, ist regelmäßige und gründliche Reinigung der Mühlen das Um und Auf.

Einstellung des Mahlgrades

Zur Einstellung des Mahlgrades dreht man den Ring unter dem Einfülltrichter, da für jede Kaffeesorte/-mischung eine andere Mahlart nötig ist. Das hängt von der Kaffeefaser, aber auch vom Feuchtigkeitsgrad der Bohnen und der Luftfeuchtigkeit ab. Kaffee ist hygroskopisch und tendiert leicht dazu, die Luftfeuchtigkeit zu absorbieren.

Dies ist für das Mahlverfahren ausschlaggebend, denn je nach Luftfeuchtigkeit – hoch oder niedrig – müssen die Bohnen etwas gröber bzw. feiner gemahlen werden. Das Mahlwerk kann automatisch oder halbautomatisch ausgeführt sein. Beim automatischen Mahlwerk wird der Mahlvorgang über einen Mikroschalter im Inneren des Dosierbehälters gestartet oder gestoppt. Bei halbautomatischer Funktion wird das Mahlwerk manuell ein- bzw. ausgeschaltet.

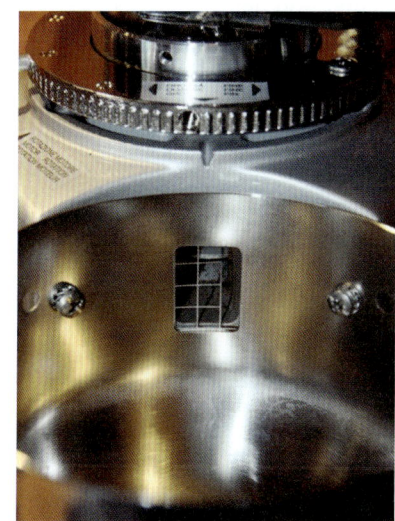

📌 Kaffeemehl, das für Espresso ideal gemahlen wurde, bildet bei leichtem Schütteln kirschkerngroße Klumpen.

Haushaltsmühlen

Holzmühle

Die Holzmühle hat durch die Renaissance der Karlsbader Kaffeekanne wieder an Bedeutung gewonnen. Im Vergleich zu den elektrischen Mühlen wird durch den schonenden Mahlvorgang das Kaffeepulver nicht erhitzt. Der gemahlene Kaffee besticht durch einen wunderbaren Duft und außergewöhnliches Aroma.

Propellermühle

Die elektrische Propellermühle ist in vielen Haushalten zu finden. Der rotierende Propeller im Gerät mahlt die Bohnen nicht, sondern zerkleinert sie. Bei einfachen Geräten erfolgt die Mahlung sehr unterschiedlich, z. B. wird am Boden des Gerätes feiner gemahlen. Bei einem längeren Mahlvorgang kommt es zu einer Erhitzung.

Kaffeeprodukte und ihre Zubereitung

Tamper sind mit unterschiedlichen Griffformen sowie mit geradem oder konvexem (geschwungenem) Boden erhältlich. Ein konvexer Tamper wölbt den Kaffeekuchen am Rand leicht nach oben. Dadurch wird er stärker verdichtet und das Wasser kann am Rand nicht so leicht durchlaufen.

⚠️ Die Größe des Tampers muss dem Sieb angepasst sein, damit das Pulver in allen Bereichen gleichmäßig angepresst wird.

🔗 Einen guten Espresso zuzubereiten ist eine Kunst, die aber auch viel Wissen erfordert (siehe auch S. 81).

💡 Bei Kaffeemühlen mit Anpresser muss man von unten an die Pressnase drücken. Auf diese Weise kann wesentlich weniger Druck auf das Pulver ausgeübt werden. Dies führt bei der Extraktion des Espressos nicht zum gleichen Ergebnis, da noch dazu oft schräg angedrückt wird. Das Wasser sucht sich den geringsten Widerstand und extrahiert das Kaffeemehl nicht gleichmäßig.

2.2 Zubereitung eines Espressos

Wie man bei einem Barkeeper bzw. einer Barkeeperin flüssige und exakt abgestimmte Abläufe und Bewegungen bei der Cocktailzubereitung beobachten kann, genauso genussvoll zelebriert der/die Barista rituelle Bewegungsabläufe bei der Espressozubereitung, vor allem beim Tampen.

Tampen ist die Bezeichnung für das Andrücken des Kaffeepulvers im Siebträger, bevor dieser in der Brühgruppe fixiert wird. Dadurch wird eine gleichmäßige, plane Oberfläche geschaffen, die für eine gute Extraktion des Pulvers wesentlich ist.

Nach dem Tampen werden die abgefallenen Kaffeereste mit einer Drehbewegung des Tampers ohne Druck geglättet (poliert). Somit kann das Wasser die glatte, waagrechte Fläche gleichmäßig durchdringen.

Der Siebträger wird vor dem Einspannen in die Brühgruppe von etwaigen Kaffeepulverresten noch gesäubert.

Das Tampen wird entweder auf einer Tamperstation oder einer Tampermatte durchgeführt.

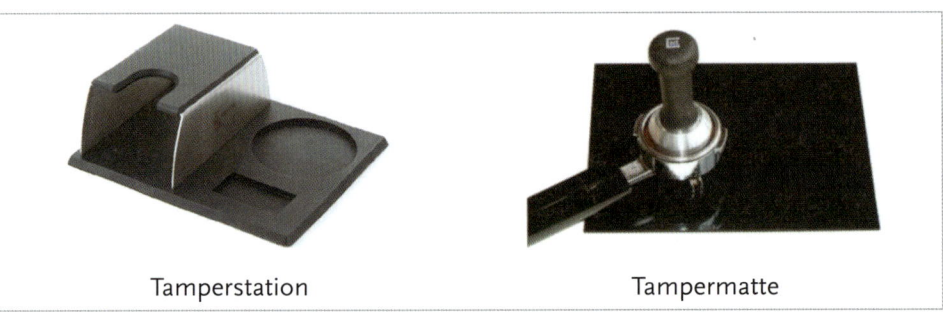

Tamperstation   Tampermatte

Der Druck, der auf das Kaffeepulver ausgeübt wird, ist von der Kaffeeart, vom Mahlgrad und von der verwendeten Siebart abhängig.

> **Faustregel:** Je feiner der Mahlgrad, umso geringer kann der Druck ausfallen, je gröber gemahlen wird, umso stärker muss angedrückt werden. Die Extraktionszeit von ca. 25 Sekunden sollte aber in allen Fällen eingehalten werden.

Espressozubereitung – Ablauf

- Vorbereiten der erforderlichen Mise en Place für das Kaffeeservice.
- Kaffeepulver portionieren, gleichmäßig im Siebträger verteilen, pressen/tampen und abwischen (Sieb/Siebträger).

- Kurzes Spülen der Brühgruppe, bevor der Siebträger eingesetzt wird. Dabei wird für zwei Sekunden heißes Wasser abgelassen, um eventuell vorhandene Kaffeereste zu entfernen bzw. zu heiß gewordenes Wasser aus der Brühgruppe abzulassen.
- Tropftasse abwischen.
- Siebträger mit einer Vierteldrehung über den Bajonettverschluss in die Brühgruppe einspannen und auf die gewünschte Taste für die Extraktion drücken.

 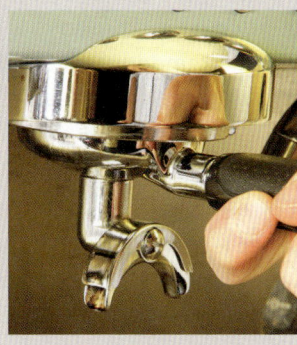 

💡 Perfekter Espresso schmeckt würzig, rund und harmonisch, wobei der Geschmack lange anhält.

- Angewärmte Tassen oder Gläser (40 °C) sofort unter die Ausläufe stellen.
- Den Kaffee je nach Art vollenden, auf Untertasse bzw. Serviertasse stellen und sofort servieren.
- Siebträger ausklopfen, reinigen und, falls nicht gebraucht, wieder einspannen.

Zuckertest
Auf der haselnussbraunen, einige Millimeter dicken Crema bleibt der Zucker einige Sekunden liegen, bevor er absinkt und die Crema sich wieder schließt.

Ist das Ergebnis nicht (ganz) zufriedenstellend, kann dies mehrere Gründe haben.

Fehler	Ursachen
Der Espresso hat zu wenig Aroma.	■ Es wurde zu wenig Kaffee verwendet. ■ Der Kaffee ist zu alt oder wurde vor zu langer Zeit gemahlen. ■ Die Röstung ist zu hell. ■ Die Mahlung ist zu grob. ■ Der Kaffee wurde schlecht verpackt oder zu warm gelagert. ■ Es wurde zu viel bzw. zu hartes Wasser (über 8 °dH) verwendet. ■ Der Brühdruck liegt unter 7 bar. ■ Die Brühtemperatur liegt unter 90 °C.

Überextrahierten Kaffee erkennt man an einem dunklen Schaum mit einem Loch (wegen zu feiner Mahlung oder zu starker Dosierung). Er schmeckt ranzig, rauchig.

Kaffeeprodukte und ihre Zubereitung

Unterextrahierten Kaffee erkennt man an zu hellem, dünnem, rasch verschwindendem Schaum (wegen zu grober Mahlung, zu niedriger Wassertemperatur oder zu kurzer Extraktionszeit und zu wenig Kaffeepulver). Er schmeckt wässrig, schal.

Bei zu langer Extraktionszeit entsteht ein weißer Fleck im Schaum. Ist die gesamte Crema weiß, war die Wassertemperatur zu hoch.

Fehler	Ursachen
Der Espresso ist zu sauer.	■ Die Röstung ist zu hell. ■ Die Kaffeesorte ist zu säureintensiv. ■ Die Brühtemperatur liegt unter 85 °C. ■ Der pH-Wert des Wassers liegt unter sieben.
Der Espresso ist zu bitter.	■ Die Kaffeesorte hat einen zu hohen Robusta-Anteil. ■ Die Brühtemperatur liegt über 95 °C. ■ Die Röstung ist zu dunkel. ■ Es wird eine minderwertige Kaffeesorte verwendet. ■ Die Extraktionszeit ist zu lang. ■ Der Mahlgrad ist zu fein. ■ Die Kontaktteile der Espressomaschine werden nicht ausreichend gereinigt.
Der Espresso hat wenig oder gar keine Crema.	■ Der Kaffee ist zu alt. ■ Der Kaffee wurde schlecht verpackt oder zu warm gelagert. ■ Die Espressomaschine oder die Tassen sind verschmutzt. ■ Das Wasser ist zu weich (unter 4 °dH). ■ Die Brühtemperatur liegt unter 85 °C. ■ Die Kaffeemahlung ist zu grob – die Extraktion verläuft zu schnell. ■ Die Kaffeemahlung ist zu fein – die Extraktion verläuft zu langsam.
Die Crema löst sich schnell auf.	■ Die Brühtemperatur liegt über 95 °C. ■ Die Mahlung ist zu grob oder zu fein. ■ Die Espressotassen sind zu kalt oder zu heiß. ■ Der Wasserdruck ist zu niedrig.
Die Crema ist zu hell.	■ Die Röstung ist zu hell. ■ Die Brühtemperatur liegt unter 85 °C. ■ Der Kaffee ist zu alt. ■ Die verwendete Kaffeemenge ist zu gering.
Die Crema ist zu dunkel, der Kaffee schmeckt verbrannt.	■ Die Mahlung ist zu fein. ■ Die verwendete Kaffeemenge ist zu groß. ■ Der Espresso wird zu lange extrahiert. ■ Die Brühtemperatur oder der Wasserdruck ist zu hoch. ■ Die Kaffeeröstung ist zu dunkel.

2.3 Milchschaum

Ob Haltbarmilch, Voll-, Leicht- oder Magermilch zum Aufschäumen verwendet wird, ist für die Konsistenz des Milchschaumes ohne Bedeutung, da Milchschaum aus Eiweiß und nicht aus Fett entsteht. Sehr wohl unterscheiden sich die Milchsorten jedoch geschmacklich voneinander. Den besten Geschmack erzielt man mit frischer Milch (4 bis 8 °C). Je edler der Kaffee, desto fettfreier sollte die Milch sein, da Fett ein Geschmacksträger ist und zuviel davon die feinen Kaffeearomen erdrückt.

Beim Aufschäumen sollte die Milchtemperatur nicht über 65 °C liegen, da sonst das Milcheiweiß gerinnt und der Schaum schnell zusammenfällt. Bei noch höheren Temperaturen verbrennt der Milchzucker, das Getränk schmeckt leicht verbrannt.

Herstellung von Milchschaum

Milchschaum entsteht durch Milch und Luft, das heißt, man muss der Milch zuerst Luft unterheben („Ziehphase") und anschließend die Luft in der Milch möglichst gut verteilen („Rollphase").

Die ideale Größe des Kännchens ist 0,4 l für ein bis zwei Portionen bzw. 0,7 l für bis zu vier Portionen. Das Milchkännchen sollte zur Öffnung hin konisch und aus hygienischen sowie wärmeleitenden Gründen aus rostfreiem Stahl von etwa ein Millimeter Stärke sein. Die Größe hängt von der zuzubereitenden Milchschaummenge ab.

Edelstahlkännchen zum Milchschäumen

Milchschaumherstellung – Ablauf

- Die Milchkanne mit kalter Milch (4 bis 8° C) zur Hälfte füllen. Je kälter die Milch, desto einfacher das Schäumen, desto mehr Zeit hat man.
- Dampfventil kurz öffnen und kondensiertes Wasser aus dem Dampfrohr/der Dampflanze in die Tropftasse ausdampfen. Ventil wieder schließen.
- Dann wird der Dampfstab in die Milch getaucht und das Ventil wieder voll geöffnet. Nun wird das Kännchen so weit nach unten gezogen, dass das Dampfrohr nur so weit in die Flüssigkeit eintaucht (nähe Kännchen-Innenwand), dass die Dampfdüsen bis zu einem Zentimeter in der Milch sind. Dadurch kann viel Luft in die Milch gezogen werden, die Milchoberfläche wellt sich, das Milchvolumen nimmt stark zu und ein saugendes Geräusch ist dabei zu hören.

⚠️ Wird weniger Milch benötigt, dann wird ein kleineres Kännchen verwendet und wiederum nur zu Hälfte gefüllt (Füllhöhe und Oberfläche müssen zusammenstimmen).

Ziehphase – optimale Lanzenposition Wirbelbewegung beim Ziehen – Finger fühlt Temperatur der Kännchenwand

Um Temperatur gut zu fühlen, kann das Kännchen auch in der Hand gehalten werden

Guter Milchschaum schmeckt süßlich, ist feinporig, seidig-glänzend und muss sich gießen lassen

- Milchkännchen leicht neigen und den Dampfhahn voll geöffnet lassen (dadurch entsteht der notwendige Wirbel für das Emulgieren der Milch). Während der gesamten Aufschäumphase wird das Kännchen in dieser Position gehalten. Man zieht so lange, bis das gewünschte Volumen erreicht ist. Dabei wird die Eintauchtiefe der Lanze immer wieder korrigiert, da sich das Milchvolumen im Kännchen erhöht. Das Gefäß mit der Hand leicht berühren, um die Temperatur (ca. 40 °C) am Kännchen zu fühlen.
- Während dieser Ziehphase wird Luft unter die Oberfläche der Milch gezogen und feinporig verschlagen. Dabei wird die kalte Milch auf max. 40 °C erhitzt.
- Anschließend das Dampfrohr tiefer in die Milch eintauchen (ein bis zwei Zentimeter tiefer) und die emulgierte Milch im Kännchen kurz rollen lassen. Während der **Rollphase** werden die vorhandenen Luftbläschen gut eingearbeitet – der Milchschaum wird feinporig.
- Während der Rollphase wird keine Luft mehr eingesaugt, sondern die Milch nur noch durcheinandergewirbelt, damit die Schaumbläschen möglichst fein werden und sich gut verteilen.

✏️ Notieren Sie Kaffeegetränke, für die Sie Milchschaum benötigen.

Ideale Düsenführung während des Aufschäumens

Kaffeeprodukte und ihre Zubereitung

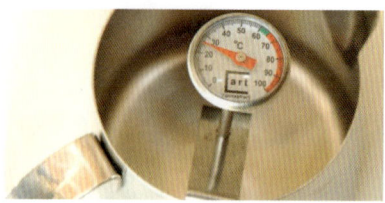

Ein Thermometer, am Kännchenrand eingehängt, verhindert, dass die Milch zu heiß und damit bitter wird

- Den Dampfhahn schließen und die Düse aus dem Kännchen ziehen, wenn eine Temperatur ca. 65 °C erreicht ist bzw. wenn man das Kännchen mit der Handfläche nur mehr kurz berühren kann. Die Verwendung eines Thermometers ist möglich. Das Volumen der Milch hat sich verdoppelt.
- Etwas Dampf kurz ablassen und dabei die Dampfdüse säubern.
- Durch kreisende Bewegungen des Kännchens mit der Hand (Verrühren der Milch) bleibt die Milch cremiger.

- Durch kräftiges Aufsetzen der Kanne auf der Arbeitsfläche wird der Schaum kompakter und große Luftblasen lassen sich aus der emulgierten Luft entfernen, bevor der Milchschaum auf den Kaffee gegossen wird.
- Durch besondere Eingießtechniken und auch durch die Verwendung von speziellen Saucen können bestimmte kreative Verzierungen gestaltet werden.

Milchschaumtechniken (Latte-Art)

Je nach Eingießtechnik lassen sich mit Milch, evtl. einer Sauce und Kakaopulver Muster und verschiedenste Verzierungen gestalten. Im Handel angebotene Schablonen (vor allem für Kaffeepulver) werden eher im Privathaushalt verwendet.

Die Grundlagen der Latte-Art sind ein Espresso mit fester Crema und perfekt zubereiteter Milchschaum sowie die richtigen, bauchigen Tassen, deren Bodendurchmesser wesentlich geringer ist als der am Tassenrand. Auf alle Fälle muss der Tassenboden rund sein.

Es gibt vier grundlegende Techniken:
- Gießen
- Ziehen
- Carving (Schnitzen)
- Freestyle

2 Zubereitungsarten

Technik	Ausführung
Gießen	Der Milchschaum wird unter die Crema gegossen. Durch Schwenken entstehen Muster bzw. Bilder (z. B. Rosette, Herz).

Für die klassische Herzform wird anfangs rasch eingegossen, um unter die Crema zu gießen, bis ein weißer Schaumsee in der Mitte auftaucht. Nun Tempo herausnehmen, um zuletzt mit einer kurzen Bewegung quer über den weißen Schaumsee eine Herzspitze entstehen zu lassen.

Kaffeeprodukte und ihre Zubereitung

⚠️ Kunstvolle Latte-Art ist ein Mehraufwand, der einen gewissen „Ah-Effekt" bringt, sich aber zu Stoßzeiten fatal auf das Service auswirkt und daher richtig eingesetzt werden muss. Eventuell sogar am Tisch des Gastes eingegossener Milchschaum soll schließlich Gäste anlocken und nicht durch überlange Wartezeiten vergraulen.

💡 Eine völlig andere Möglichkeit, Kaffee besonders zu vollenden, bieten zahlreiche mit Sirupen aromatisierte Toppings aus Druckflaschen mit aufgesetzten Tüllen (z. B. Macadamia-Nuss-Geschmack oder Marzipan-Ingwer).

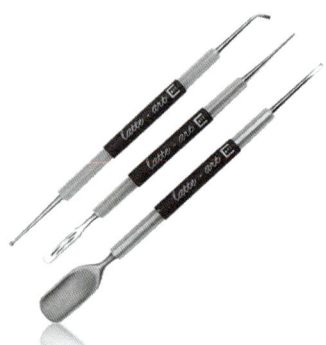

Latte-Art-Besteck

Ziehen	Die Milchschaumoberfläche wird z. B. mit Schokoladesauce verziert, die zu einem Muster gezogen wird.
Carving, Schnitzen	Durch Auf- und Abtragen des weißen oder hellbraunen Milchschaumes entstehen Kunstwerke. Diese dreidimensionale Arbeit gilt als Königsdisziplin der Latte-Art.
Freestyle	Nach dem Motto „Erlaubt ist, was gefällt" fallen darunter alle Arbeiten mit Kakaopulver, Sirupen, Likören etc.

Benötigte Werkzeuge für die Milchschaumzeichnungen sind:
- Löffel (um Punkte oder Flächen entstehen zu lassen)
- Spatel (um Effekte zu zeichnen bzw. zu carven)
- Lanze (um quasi im Kaffee zu schreiben)
- Knopf (für gleichmäßig runde Punkte bzw. für das Hochziehen von Schaum)
- Haken (fürs Überheben/Unterziehen)
- Flasche (um feine Linien mit Saucen zu ziehen)

2.4 Zucker

Zucker verändert ebenso wie Milch den Geschmack des Kaffees. Unter den Gästen finden sich aber immer verschiedene Kaffeegenießer/innen – Puristen, die Kaffee am liebsten schwarz trinken; Menschen, die die cremige Variante mit Milchprodukten lieben und Leute, die etwas Süße für ihren perfekten Kaffee brauchen. Freilich gibt es auch immer Mischvarianten, manche machen es auch tages- oder anlassabhängig, wie sie ihren Kaffee möchten.

Daher wird für Gäste – je nach Qualität des Betriebes – eine Auswahl an Beigaben zur Verfügung gestellt. Hier gibt es zahlreiche Möglichkeiten, von verpackten Portionseinheiten für Milch und Zucker bis zu einer breiten Palette in entsprechend hochwertigem Geschirr.

> Besonders positiv werden auch kleine süße Beigaben bewertet, die von abgepackten Karamellkeksen und Schokoladebohnen bis über einen kleinen Teller mit hausgemachten Keksen oder Petits Fours reichen können.

> Das Maximum an Service bietet sicher ein Zuckerkarussell o. Ä., das sowohl weißen losen Zucker, Roh- oder Rohrzucker (passt besonders zu Robusta-Kaffees), Würfelzucker als auch Kandiszucker und künstliche Süßstoffe bietet.

> ⚠️ Je nach Angebotsumfang dieser kostenlosen Beigaben muss ein verschieden hoher Betrag bei der Kalkulation des Verkaufspreises berücksichtigt werden (siehe S. 117).

Bei offenen Zuckerbehältnissen ist vor Servicebeginn und auch danach laufend die Sauberkeit zu kontrollieren, denn nichts stößt mehr ab als angepatzte, verkrustete Gefäße.

2.5 Kaffeegetränke – Spezialitäten

Kaffee ist weltweit beliebt und wird überall gerne konsumiert. Vor allem Österreich und Italien sind für eine ausgeprägte Kaffeekultur bekannt, aber auch in Frankreich, Deutschland und den USA findet man bestimmte Eigenheiten (siehe auch S. 108 ff.).

Ob heiß oder kalt, mit oder ohne Alkohol, aromatisiert oder flambiert, geschüttelt oder gerührt, der Vielzahl an Kaffeevariationen sind keine Grenzen gesetzt.

Wiener Kaffeehaus-Klassiker ohne Alkohol

Kleiner Mokka

Ursprünglich ein türkisch zubereiteter Kaffee in der Messingkanne, später eine kleine Tasse gefilterter Kaffee. Heute meist ein kleiner Espresso (auch als kleiner Schwarzer bezeichnet) in einer kleinen Mokkaschale serviert.

Kleiner Mokka kurz

Kleiner Espresso/Schwarzer wird konzentrierter aufgebrüht (Tasse maximal halb befüllt).

Kleiner Mokka kurz

Großer Mokka

Großer Espresso oder großer Schwarzer, in einer Doppelmokkaschale serviert.

Großer Mokka kurz

Großer Espresso oder großer Schwarzer konzentrierter aufgebrüht, die Doppelmokkaschale nur zur Hälfte befüllt.

> Oft hört man den alten Spruch:
> Der Kaffee muss
> - heiß wie die Hölle,
> - schwarz wie der Teufel,
> - rein wie ein Engel und
> - süß wie die Liebe sein.

💡 Ein zu starkes Auslaugen des Kaffeepulvers bei der Espressozubereitung erhöht die Konzentration der Schadstoffe. Eine bekömmliche Alternative für einen verlängerten Schwarzen ist es daher, zu einem kleinen Espresso in der Doppelmokkaschale ein Kännchen heißes Wasser zu servieren. Der Gast verlängert sich dann seinen Kaffee nach Belieben.

Wiener Melange

Franziskaner

Einspänner

Obermayer

Überstürzter Neumann

Verlängerter Schwarzer
Kleiner Espresso, mit doppelter Wassermenge auf einen großen Espresso verlängert, in einer Doppelmokkaschale serviert.

Verlängerter Brauner
Kleiner Espresso, mit heißem Wasser verlängert, in einer Doppelmokkaschale, mit Obers oder kalter Milch, im Kännchen separat serviert.

Kleiner Brauner
Kleiner Espresso mit Obers oder kalter Milch (meist separat im Kännchen).

Großer Brauner
Großer Espresso mit Obers oder kalter Milch (meist separat im Kännchen).

Wiener Melange
Kleiner Espresso, etwas verlängert, halb Kaffee, halb aufgeschäumte Milch, in der Melangeschale (größer als die Doppelmokkaschale) serviert.

Franziskaner
Wiener Melange mit geschlagenem Obers und Schokoladesplittern.

Kapuziner
Großer Espresso mit geschlagenem Obers, mit Kakaopulver bestreut.

Schale Nuss
Kleiner Espresso, kurz gehalten, mit etwas Obers. Die Farbe ist nussbraun. Er wird in der sogenannten Nusstasse, einer sehr kleinen Espressotasse, serviert.

Schale Gold
Kleiner Espresso, der mit 15 ml warmem Obers goldfarbig zubereitet wird.

Einspänner
Kleiner Espresso im Einspännerglas, mit geschlagenem Obers und Staubzucker bestreut.

Obermayer
Großer Espresso, auf dem eine dünne Schicht kaltes, flüssiges Obers schwimmt. Eine nach einem Wiener Philharmoniker benannte Kaffeespezialität.

Kaffee verkehrt
Sehr heller Milchkaffee, mehr Milch als Kaffee.

Überstürzter Neumann
Geschlagenes Obers in eine Kaffeetasse geben und mit einem doppelten Espresso aufgießen.

Kalte Wiener Kaffeehaus-Klassiker

Wiener Eiskaffee
Vanilleeis mit Kaffee und geschlagenem Obers. In dickwandigem Eiskaffeeglas mit Limonadenlöffel und Trinkhalm servieren. Dazu Unterteller und Serviette. Staubzucker dazugeben.

Berliner Eiskaffee
Wie Wiener Eiskaffee, aber mit Kaffeeeis zubereitet.

Mazagran
Gesüßter, kleiner, gekühlter Espresso im Glas, mit Eiswürfeln und 2 cl Maraschino (evtl. auch mit Rum) zubereitet.

Wiener Eiskaffee

Wiener Kaffeehaus-Klassiker mit Alkohol

Biedermeier Kaffee
Großer Espresso mit 2 cl Marillenlikör und geschlagenem Obers.

Fiaker
Kleiner Espresso im Glas mit 2 cl Rum oder Cognac bzw. Weinbrand und geschlagenem Obers.

Maria Theresia
Großer Espresso mit 2 cl Orangenlikör, 2 cl Weinbrand und 2 Kaffeelöffel Rohrzucker, mit geschlagenem Obers mit buntem Streuselzucker in einem dickwandigen hohen Glas (Laufglas) serviert.

Mozartkaffee
Großer Espresso mit 2 cl Mozart-Schokoladelikör und geschlagenem Obers.

Pharisäer
Verlängerter kleiner Espresso in der großen Tasse oder im Glas, mit 2 Kaffeelöffeln Zucker und 2 cl Rum gemischt und mit geschlagenem Obers serviert.

💡 In Deutschland ist der Pharisäer per Gesetz als 125 ml Filterkaffee mit 2 Kaffeelöffel Zucker und 4 cl Rum in einer Spezialtasse definiert.

Kaffeeklassiker aus Italien

Espresso
Kleiner Espresso schwarz, ca. 30 ml.

Caffè stretto
Kleiner Espresso schwarz, kurz, ca. 25 ml.

Ristretto
Kleiner Espresso schwarz, sehr konzentriert, ca. 20 ml.

Espresso macchiato/Caffè macchiato
Kleiner Espresso mit etwas aufgeschäumter Milch, in einer kleinen Tasse oder im Glas serviert.

Espresso macchiato

Kaffeeprodukte und ihre Zubereitung

Im deutschsprachigen Raum wird Cappuccino auf Wunsch auch mit geschlagenem Obers (statt Milchschaum) und Kakaopulver sowie mit doppelter Menge Kaffeepulver zubereitet.

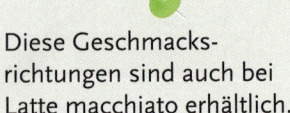

Diese Geschmacksrichtungen sind auch bei Latte macchiato erhältlich.

Espresso con panna

Latte macchiato

Für Café crème sind eine hellere Röstung und ein gröberer Mahlgrad ideal.

Cappuccino
Kleiner Espresso in der großen Tasse mit cremigem Milchschaum aufgegossen. Im deutschsprachigen Raum wird der Milchschaum meist mit Kakaopulver bestreut. Original wird er ohne Kakaopulver in einer nach oben weiter werdenden Tasse serviert.

Iced Cappuccino
Geeister (mit Eiswürfeln geschüttelter) Cappuccino.

Trend-Cappuccino
Cappuccino mit Vanillesirup (vaniglia), Karamellsirup (caramella), Haselnusssirup (nocciola) usw.

Espresso doppio con latte
Großer Espresso mit aufgeschäumter Milch.

Espresso con panna
Kleiner Espresso in der Cappuccinotasse zubereitet und mit geschlagenem Obers separat serviert.

Latte macchiato (übersetzt: Milch mit einem Fleck)
Großes Glas aufgeschäumte Milch mit einem kleinen Espresso übergossen.

Caffè latte
Kleiner Espresso kurz, mit viel heißer Milch und Milchschaum, in einer großen Tasse oder einem Glas serviert.

Caffè shakerato
Kleiner Espresso mit Zucker im Shaker kalt geschüttelt und im Cocktailglas serviert.

Caffè corretto
Ein kleiner Espresso wird mit 2 cl Grappa, Weinbrand oder Likör „korrigiert".

Caffè lungo
Ein Caffè mit dem Zusatz „lungo" ist ein Espresso, der mit mehr Wasser zubereitet wird und daher weniger konzentriert ist.

Caffè milanese
Kalter Kaffee mit zwei Kugeln Schokoladeneis, geschlagenem Obers und Schokosplittern.

Kaffeeklassiker aus der Schweiz

Café crème/Schümli
125 ml Kaffee aus der Espressomaschine mit gleicher Menge Milch bzw. Obers, separat im Kännchen. Durch die Espressozubereitung hat jede Tasse eine gleichmäßige Creme, daher auch die Bezeichnung „Schümli" („kleiner Schaum").

Café Doppelcrème
Café crème mit mehr Obers.

Schale hell
Kräftiger Kaffee mit viel heißer Milch.

Kaffeeklassiker aus Frankreich

Café au lait
Filterkaffee und heiße Milch, serviert in einer henkellosen Schale, der „bol".

Café crème
Espresso mit derselben Menge Milch.

Noisette
Schwarzer Kaffee/Espresso mit etwas Milch.

Café fouetté
Kalter, stark aufgebrühter, gesüßter Filterkaffee mit einer Obershaube gekrönt, die mit Rum beträufelt und mit Mandeln verziert wird.

Café brûlot
1 Stück Würfelzucker mit 1 cl Weinbrand/Cognac tränken und in der vorgewärmten Tasse entzünden, mit einem kleinen Espresso aufgießen und mit geschlagenem Obers vollenden.

Franzosen lieben beim Kaffeetrinken den Blick zur Straße

Weitere Kaffeespezialitäten

Gewürzkaffee
Den Tassenboden mit 1cl Rum bedecken, 3 Gewürznelken und auf Wunsch des Gastes Zucker beifügen, mit Kaffee aufgießen und mit der Zimtstange umrühren. Auf Wunsch mit geschlagenem Obers und Zimtpulver vollenden.

Marokkaner
2 cl flüssige Schokolade in ein Glas geben. Das Glas drehen und dabei so schräg halten, dass die Schokolade zum Glasrand läuft. Anschließend einen großen Espresso auf das Schokoladebett gießen. Milchschaum auf den Kaffee geben und mit Kakaopulver garnieren.

Marrokaner

Persischer Kaffee
In die Mokkatasse ein Stück Rahat (siehe S. 79), etwas Zimt, eine Prise Kardamom und etwas Muskat geben, mit sehr heißem Kaffee übergießen und sofort servieren.

Irish Coffee
2 Kaffeelöffel braunen Zucker (Rohzucker) und 4 cl Irish Whiskey in ein original Irish-Whiskey-Glas geben und mit Kaffee (großem Espresso) aufgießen. Leicht geschlagenes Obers vorsichtig über einen Löffelrücken auf die Flüssigkeit laufen lassen. Manchmal wird Irish Coffee auch flambiert, was aber nicht dem Originalrezept entspricht.

Irish Coffee

Rüdesheimer Kaffee

Rüdesheimer Kaffee

In die original Rüdesheimer Tasse kommen 3 Stück Würfelzucker und 4 cl erwärmter Asbach Uralt. Der Weinbrand wird mit einem langen Streichholz entzündet und mit einem Löffel so lange gerührt, bis der Zucker aufgelöst und der Alkohol verbrannt ist. Mit Kaffee (großem Espresso) aufgießen und mit samt etwas Vanillezucker leicht aufgeschlagenem Obers und Schokoraspeln vollenden.

Türkischer Kaffee

Siehe türkische Zubereitung S. 79.

Mandel-Eiskaffee

Zwei Kugeln Vanilleeis in ein Stielglas geben. Kalten Kaffee mit Mandelsirup oder Amaretto mischen und darüber gießen, geschlagenes Obers aufsetzen und mit Mandelsplittern sowie Amarettokeksen garnieren.

Eisgekühlte Kaffeekreationen sind oft in doppelwandigen Gläsern besser aufgehoben

Natürlich gibt es noch viele weitere Kaffeespezialitäten mit fantasievollen Bezeichnungen, und so manches Heißgetränk kann auch in einer „freeze"-Version, also kalt bis eiskalt, angeboten werden.

Sehr in Mode gekommen ist der **„Coffee to go"**, das heißt, das Kaffeegetränk wird in einem verschließbaren beschichteten Pappbecher bzw. einem Plastik- oder Styroporbecher mit oder ohne Trinkhalm zum Mitnehmen angeboten.

Kaffeecocktails

Überdies gibt es zahlreiche **Kaffeecocktails,** die besonders in den späten Nachmittagsstunden viele Gäste begeistern und ein besonderes Flair zaubern. Sie werden meist im Shaker oder Aufsatzmixer zubereitet und oft in einem Stielglas mit einigen Eiswürfeln serviert.

> Um auch im Sommer den Umsatz hochzuhalten, werden immer mehr Kaltschaum-Kreationen erfunden, wofür der kalte Milchschaum mit speziellen Geräten hergestellt wird, z. B. für Iced Latte macchiato. Auch spezielle Coffee-Cooler sind schon am Markt, die eine sekundenschnelle und aromaschonende Abkühlung von frisch zubereitetem Espresso (auf 4 °C) erlauben.

Bailey's Kaffeeshake

Im Shaker oder Aufsatzmixer einen großen erkalteten Espresso mit 2 cl Bailey's Likör, 2 cl Obers und 1 Kaffeelöffel Staubzucker mischen und in einem Stielglas mit einigen Eiswürfeln (auf Wunsch mit geschlagenem Obers) und einem Trinkhalm servieren.

Kahlúa-Shake

Im Shaker oder Aufsatzmixer einen großen erkalteten Espresso mit 2 cl Kokosmilch, 2 cl Kahlúa-Likör und 1 Kaffeelöffel Staubzucker mischen und in einem Stielglas mit einigen Eiswürfeln, geschlagenem Obers, gehackten Kaffeebohnen und einem Trinkhalm servieren.

> Der Bailey's Kaffeeshake lässt sich auch mit anderen Likören wie Amaretto oder Mozart-Schokolade-Likör zubereiten und entsprechend benennen.

Kaffeelongdrink „Eisbär"

Starker, nach Belieben mit Zucker und Milch abgeschmeckter kalter Kaffee wird in ein hohes Glas über je eine Kugel Vanille- und Schokoladeneis gegossen, bis das Glas etwa zu drei Viertel voll ist. Mit Mineralwasser auffüllen und mit einem langen Löffel und einem Trinkhalm servieren.

Amerikanischer Eiskaffee-Flip

Ein Eigelb mit einem Teelöffel Zucker, 2 cl Cognac und 2 cl Obers mixen, dann in ein hohes Glas mit einigen Eiswürfeln gießen. Mit kaltem Kaffee auffüllen und mit einem Trinkhalm servieren.

Kaffeelongdrink „Eisbär"

Arbeitsaufgaben

1. Starten Sie einen Geschmacksvergleich. Füllen Sie die exakt gleiche Menge eines völlig gleich zubereiteten Kaffees (z. B. Espresso laut Standardrezept, immer aus ein und derselben Maschine) in verschiedene Gefäße wie beispielsweise in
   - ein Kaffeehäferl (also in einen rustikalen Porzellanbecher mit Henkel),
   - eine dickwandige große Kaffeetasse,
   - eine dickwandige Mokkatasse,
   - eine dünnwandige Mokkatasse,
   - ein Latte-Glas,
   - einen Einwegbecher (z. B. aus Styropor).

   Halten Sie Ihre Verkostungsnotizen schriftlich fest und ziehen Sie Schlüsse daraus.

2. Versuchen Sie einen ebenso standardisierten Kaffee in ein und derselben Tasse, jedoch mit verschiedenen Trinktemperaturen, z. B.
   - unter 30 °C,
   - mit 40 bis 45 °C und
   - mit über 50 °C.

   Halten Sie auch bei diesem Versuch Ihre Eindrücke fest und überlegen Sie, was Ihre Erkenntnisse für Ihren beruflichen Alltag bedeuten.

3. Ändern Sie bei einem völlig gleichen Kaffeeablauf in ein und derselben Tasse die hinzugefügten Milchprodukte, z. B.
   - Haltbarmilch
   - Magermilch
   - Vollmilch
   - Obers
   - Kaffeeobers.

   Halten Sie wieder Ihre Eindrücke fest und überlegen Sie Empfehlungen für Ihre Gäste.

Siehe auch Kaffeedegustation, S. 113 ff.

Ziele erreicht? – „Kaffeeprodukte und ihre Zubereitung"

1. Nennen Sie alle behandelten Bohnenkaffeearten, die sie kennen.
2. Korrigieren Sie falsch beschriftete Felder.

Teilweise entkoffeinierter Kaffee	Entkoffeinierter Kaffee	Bohnenkaffee

Magenfreundlicher Schonkaffee	Kaffeeersatz	Instantkaffee

Kaffeeprodukte und ihre Zubereitung

3. Kaffeegeschmack wird beeinflusst von

_____

_____

4. Nennen Sie den optimalen Mahlgrad für

Vollautomaten _____

Filterkaffeemaschinen _____

Handfilter _____

Stempeldruckkanne _____

5. Streichen Sie falsche Aussagen.
- Kaffeegeschmack hängt mit der Härte und dem pH-Wert des Wassers zusammen.
- 4 °dH bezeichnet sehr hartes, 30 °dH sehr weiches Wasser.
- Weiches Wasser schmeckt eher sauer und betont daher auch die Säure des Kaffees.
- Die ideale Wasserhärte für die Kaffeezubereitung liegt bei sechs bis acht Grad deutsche Härte.
- Wasser kann man nicht enthärten.
- Mehr Kaffeepulver pro Tasse verbessert den Geschmack, da sich das Aroma vervielfacht.

6. Finden Sie mithilfe der folgenden Silben fünf Zubereitungsmethoden und beschreiben Sie diese kurz.

ba – ki – per – pres – karls – fil – sche – co – der – tor – so – ter – tür – es – la

_____

_____

_____

_____

_____

7. Verbinden Sie, was zusammengehört.

Kleiner Espresso, kleiner Schwarzer	Wiener Melange
Kleiner Espresso, etwas verlängert, halb Kaffee, halb aufgeschäumte Milch, in der Melangeschale serviert.	Kleiner Mokka
Kleiner Espresso im Glas, mit geschlagenem Obers und Staubzucker bestreut.	Großer Brauner
Sehr heller Milchkaffee, mehr Milch als Kaffee.	Cappuccino
Großer Espresso mit Obers oder kalter Milch (meist separat serviert).	Einspänner
Kleiner Espresso in der großen Tasse mit cremigem Milchschaum aufgegossen, evtl. mit Kakaopulver bestreut.	Latte macchiato
Kleiner Espresso mit einem Schuss Grappa, Weinbrand oder Likör.	Caffè corretto
Großes Glas aufgeschäumte Milch mit einem kleinen Espresso übergossen.	Kaffee verkehrt

102

8. Bringen Sie die genannten Abläufe bei der Arbeit mit einem Vollautomaten in die richtige Reihenfolge.

Bedienung einer Espressomaschine (Halbautomat, Siebträgermaschine)	
Vor Arbeitsbeginn einige Sekunden Dampf durch die Dampfdüse ablassen (Leerbezug).	
Dampfdüse nach dem Milchaufschäumen mit einem eigenen Tuch säubern, um eine Verkrustung sowie Keimbildung zu vermeiden. Vor und nach dem Aufschäumen kurz Dampf ablassen.	
Wassertemperatur im Kessel zwischen 100 °C und 120 °C. Temperatur des Aufgusswassers zwischen 86 °C und max. 90 °C (der genaue Wert hängt von der verwendeten Kaffeemischung ab).	
Wasserdruck auf neun Bar.	
Ausgabedauer für einen kleinen Espresso (25 bis 30 ml) zwischen 25 und 30 Sekunden.	
Frisches, enthärtetes Leitungswasser verwenden (abgestandenes Kesselwasser über die Heißwasserentnahme entleeren).	
Tägliche Reinigung nach Geschäftsschluss.	
Siebträger vor dem Einspannen in die Brühgruppe mit dem Finger von Kaffeepulverresten befreien. Somit kommt es zu keinen Schäden an der Dichtung des Brühkopfes und somit zu keinem Wasseraustritt beim Siebträger. Dichtungen immer wieder überprüfen, damit kein Wasserverlust zwischen der Brühgruppe und dem Filterträger während der Durchlaufphase entsteht.	
Siebträger nach dem Ausklopfen von Sudresten mit einem dafür bestimmten Tuch auswischen. Wasser ist nicht erforderlich. Den trockenen, sauberen Siebträger bis zur nächsten Verwendung (ohne Kaffeesud) eingespannt lassen, dadurch bleibt der Siebträger heiß und die Dichtungsringe trocknen nicht aus.	
Tropftassen und Auffangtassen immer wieder waschen bzw. abwischen, damit keine Kaffeerückstände auf den Unterboden der Tasse bzw. auf die Untertasse gelangen. Ebenso die Sudladen und Abschlagbehälter laufend reinigen.	
Vor der Zubereitung des ersten Kaffees Filterträger in die Brühgruppe einsetzen und mit heißem Wasser gut erwärmen.	
Saubere, trockene Tassen mit der Öffnung nach oben am Tassenwärmer aufbewahren, somit wird der Tassenboden stärker erhitzt und nicht der Tassenrand, an dem man sich den Mund verbrennen kann. Wenn die Maschine eingeschaltet ist, lässt die abgegebene Hitze die Luft aufsteigen und somit kann kein Staub in die Tassen gelangen.	

9. Was schließen Sie daraus, wenn der Espresso

zu wenig Aroma hat:

zu bitter schmeckt:

wenig/keine Crema hat:

Kaffeeprodukte und ihre Zubereitung

10. Finden Sie acht Maschinen für Kaffeezubereitung.

E	T	D	I	O	G	T	Y	T	D	A	O	K	E	W	H	M	B	S
N	J	E	E	X	R	Q	C	A	Z	Y	Z	S	B	T	W	B	I	D
N	H	Z	U	C	U	N	E	K	Z	G	U	T	P	M	M	E	E	Y
A	V	A	Z	S	E	N	Z	O	F	Y	N	L	Q	B	B	N	N	C
K	D	C	N	S	K	H	V	V	X	A	M	D	J	T	W	E	I	G
R	V	F	A	D	X	V	E	C	N	L	G	A	R	V	X	T	H	B
E	H	V	E	P	H	K	L	D	M	H	X	A	O	J	Q	A	C	M
D	R	H	R	G	O	E	H	J	K	K	E	X	B	Q	F	M	S	C
A	F	Z	O	X	Y	C	B	J	W	G	K	P	B	C	B	O	A	Q
B	E	G	P	V	F	C	K	E	E	J	Q	F	J	F	I	T	M	I
S	G	W	R	H	S	L	J	R	L	C	S	U	C	V	J	U	R	B
L	F	N	E	Z	U	E	M	Y	H	M	Z	E	S	T	P	A	E	G
R	V	K	S	C	G	A	V	V	T	X	A	Q	C	R	M	L	T	P
A	V	Y	S	C	S	G	J	L	O	N	R	S	O	Z	I	L	L	E
K	E	R	J	C	E	U	Q	C	Z	L	T	L	C	A	Q	O	I	O
E	V	D	H	I	W	H	P	H	Y	P	M	C	E	H	K	V	F	A
A	K	I	A	B	L	R	D	R	L	Y	J	F	Z	Q	I	D	W	U
B	N	H	F	R	E	N	C	H	P	R	E	S	S	D	D	N	M	D
E	L	M	F	I	U	A	X	I	S	O	V	Z	Z	D	E	T	E	I

104

Kaffeeservice

Im Jahresdurchschnitt werden in Österreich pro Person 162 Liter Kaffee konsumiert. Dies entspricht einem Jahresverbrauch von acht Kilogramm oder ca. zweieinhalb Tassen pro Tag.

Ziel für Kaffeekenner/innen muss sein, dass dem Produkt Kaffee und seinem Genuss dieselbe Aufmerksamkeit und das Know-how zuteil wird wie Wein.

 Meine Ziele

Nach Bearbeitung dieses Kapitels kann ich
- über Gästebetreuung hinsichtlich Kaffee Auskunft geben;
- über die Harmonie von Kaffee und Getränken bzw. Speisen sprechen;
- verschiedene Irrtümer bezüglich Kaffee mit Argumenten widerlegen;
- internationale Kaffeehauskulturen mit ihren Eigenarten beschreiben;
- eine Kaffeedegustation durchführen;
- eine Kaffeekalkulation ausrechnen;
- Kaffeeorganisationen nennen.

Kaffeeservice

Sprechen Sie in der Klasse über die Serviergepflogenheiten bei Kaffee in Ihnen bekannten Betrieben.

1 Gästebetreuung

In Katrins Lehrbetrieb wird unter jede Kaffeetasse eine spezielle Spitzenunterlage gelegt und der Kaffee mit einem kleinen Teller hausgebackener Kekse serviert.

„Zwei Personen bestellen in einer Bar, eine einen doppelten Espresso, eine einen Cappuccino. Die damit völlig überforderte Thekenkraft fertigt einfach zwei Kaffee." Derartige Situationen sollen mehr und mehr der Vergangenheit angehören. Der heutige Gast ist auch punkto Kaffee wissender und anspruchsvoller geworden!

Servicetipps

- Gäste freundlich empfangen.
- Gepflegte (saubere) Arbeitskleidung tragen.
- Intensive Parfüms und Armbänder vermeiden.
- Nicht hinter der Theke rauchen.
- Auf Sauberkeit und vollständige Mise en Place achten.
- Kaffee ausschließlich in vorgewärmten Kaffeetassen, Gläsern und Kaffeekannen servieren.
- Espressotassen sollten etwas dickwandiger sein, um die Wärme besser halten zu können. Die Öffnung sollte relativ klein sein, damit sich die Crema länger hält.
- Zucker und Süßstoff einstellen. Zuckersets zum Anbieten mehrerer Zuckerarten werden von Gästen sehr geschätzt.
- Frische Milch bzw. frisches Obers ist zu bevorzugen.
- Im Wiener Kaffeehaus bzw. in vielen anderen Gastronomiebetrieben wird immer ein Glas Wasser zur Neutralisierung des Geschmackes zum Kaffee serviert.
- Die Tassen immer am Henkel und die Löffel immer am Griff anfassen.
- Tassenhenkel und Löffel zeigen beim Einstellen immer nach rechts.
- Am besten Tassensets (Papiersets/Underliner) verwenden.
- Aufmerksamkeiten, wie Kekse oder Pralinen zu Kaffee, werden von den Gästen geschätzt.
- Tassen erst dann abservieren, wenn der Gast bezahlt bzw. eine weitere Bestellung abgibt.

Kaffee ist der klassische Abschluss eines Menüs. Vergessen Sie daher nicht auf diesen Zusatzverkauf.

Kaffee nach dem persönlichen Geschmack und den Wünschen der Gäste zubereiten. Traditionelle, regionale sowie nationale Trinkgewohnheiten und Gepflogenheiten berücksichtigen.

1.1 Harmonie von Kaffee und Getränken oder Speisen

Jede mit einem Kaffee genossene Zugabe, egal ob Milch, Zucker, Spirituosen, Getränke oder Speisen, hat eigene Aromastoffe, Eiweiße, Fette etc. Schon Milch ändert nicht nur die Farbe, sondern auch den Geschmack und die Textur (das Gefühl im Mund) des Kaffees. So kann das Milcheiweiß (Kasein) die Wahrnehmung von Säure, Bitterstoffen, Röststoffen und die Kaffeeintensität herabsetzen. Dafür wird – auch wegen der Milchfette – der cremige, milchige Eindruck des Kaffees verstärkt.

Zu Kaffee passt kohlensäurearmes Mineralwasser oder weiches Leitungswasser, das am besten kalt, aber nicht eiskalt serviert wird.

Spirituosen, die gut mit Kaffee korrespondieren

Weindestillate (Cognac, Armagnac, Brandy, Weinbrände), Tresterbrände (Grappa), Traubendestillate, Whisky/Whiskey, dunkler Rum, Steinobstdestillate, Liköre (Fruchtliköre wie Orange oder Kirsche, Gewürzliköre aus Vanille, Zimt oder Gewürznelken, Honigliköre, Emulsionsliköre, Kakao- und Kaffeeliköre).

Speisen und Kaffee

Kaffee bzw. Kaffeegetränke sind zum Frühstück sowie zur Jause sehr beliebt. Vor allem am Nachmittag genießt man in Österreich und Deutschland gerne Kaffee zu Kuchen und Torten.

Kaffee beendet nicht nur das Mittag- und Abendessen in vielen Ländern, sondern wird auch z. B. von amerikanischen Gästen zu den Mahlzeiten getrunken. Auch in Europa ist es nicht unüblich, zu einem (Mittags-)Imbiss Kaffee zu trinken.

Speise	Kaffee	Verhältnis
Süß	Säure	harmonisch
	Bitterstoffe	harmonisch
	Süße	harmonisch
Salzig	Säure	unharmonisch
	Bitterstoffe	unharmonisch
	Süße	neutral
Sauer	Säure	unharmonisch
	Bitterstoffe	unharmonisch
	Süße	harmonisch

Fettreiche Speisen wirken neutralisierend auf den Geschmack des Kaffees. Fett im Kaffee (Obers, Milch …) lässt die Geschmackselemente der Speisen neutral erscheinen.

⚠️ Bieten Sie zum Kaffee immer einen passenden Digestif an.

💡 Auch Obstdestillate wie z. B. Birnenbrand können passen.

Außerdem sollte beachtet werden:
- Zu einfachen Kaffees – regionale bzw. einfache Süßspeisen.
- Zu Kaffeespezialitäten – abgestimmte spezielle Desserts.

⚠️ Die Aromen des Kaffees werden durch Bitterstoffe in Speisen eher unangenehm.

1.2 Zehn Irrtümer über Kaffee

Gäste kommen oft mit Klischees bzw. gesellschaftsüblichen Irrtümern in den Betrieb. Daher ist es wichtig, einige Dinge im Gespräch richtigstellen und auch argumentieren zu können.

1. Kaffee entzieht dem Körper zu viel Wasser.
Laut Ernährungswissenschaft dient auch gebrühter Kaffee zur Flüssigkeitsversorgung des Körpers, vor allem wenn man an täglichen Kaffeegenuss gewöhnt ist.

2. Je länger Kaffee zieht, desto besser schmeckt er.
Die meisten Aromastoffe lösen sich rasch aus dem Kaffeemehl. Nur Bitterstoffe (vorwiegend Gerbsäure) brauchen mehr Zeit, um sich zu entfalten.

3. Kaffeebohnen dürfen nicht im Kühlschrank gelagert werden.
Die aromatischen Verbindungen von geröstetem Kaffee sind gegen Kälte immun, also unempfindlich. Eine luftdichte Verpackung schützt vor Feuchtigkeit und Fremdgerüchen.

Entzieht Kaffee dem Körper Wasser?

Viele Geschichten ranken sich um den Kaffee

4. Mineralwasser eignet sich für die Kaffeezubereitung.

Mineralwasser mit hohem Mineralstoffgehalt und Eigengeschmack neutralisiert die feinen Säuren im Kaffee bzw. verfälscht den Geschmack.

5. Salz auf dem Kaffeemehl rundet den Geschmack ab.

Salz verstärkt die Säure und schadet dem Geschmack des Kaffees.

6. Ein „verlängerter Espresso" ist leichter.

Durch das intensive Auslaugen des Kaffeemehls bei der Espressozubereitung (Überextraktion) verdreifacht sich der Schadstoffanteil im verlängerten Kaffee gegenüber einem kleinen Espresso.

7. Mit Haltbarmilch (H-Milch) gelingt Milchschaum optimal.

Die Qualität des Schaums wird durch den Eiweißgehalt und durch die Temperatur der Milch bestimmt, nicht durch die Konservierung. Außerdem: Frischmilch schmeckt besser. Die Milch sollte auch beim Aufschäumen nicht über 65 °C erhitzt werden, da sonst das Eiweiß gerinnt und der Milchzucker verbrennt.

8. Rohkaffee und gerösteter Kaffee sind Jahre haltbar.

Frisch geernteter, frisch gerösteter, frisch gemahlener und frisch aufgebrühter Kaffee entfaltet das beste Aroma. Manche Sorten benötigen auch eine bestimmte Reifezeit.

9. Eine hohe Brühtemperatur ergibt einen kräftigeren Kaffee.

Durch das Kochen von Kaffee bzw. durch das Aufbrühen mit kochendem Wasser wird der Kaffee bitter und säurebetonter. Die Brühtemperatur sollte unter 95 °C liegen.

10. Durch eine feine Mahlung wird weniger Kaffee benötigt.

Wenig sehr fein gemahlener Kaffee kann zu einem dünnen, bitteren Kaffee führen. Der Mahlgrad muss unbedingt auf die Zubereitungsart (z. B. Espresso-, Filter-, Türkische Methode) abgestimmt werden. Als Richtwert für die Kaffeemenge pro Tasse gelten sieben bis acht Gramm.

1.3 Kaffeehauskulturen

Wiener Kaffeehauskultur

Nach der zweiten Türkenbelagerung 1683 wurde in jahrhundertelanger Tradition jene Institution geschaffen, die heute untrennbar mit Wien und Österreich verbunden ist (siehe auch S. 10).

Das Wiener Kaffeehaus nimmt deswegen eine Vorrangstellung in Bezug auf Kaffeekultur in einem besonderen Ambiente ein. In Österreich, besonders in Wien ist Kaffee viel mehr als ein Getränk. Kaffee ist zweifelsfrei bis heute ein Teil der Wiener Alltagskultur.

Einfach „Kaffee" bestellt man selbstverständlich nicht, zu groß ist die Auswahl an verschiedenen Kaffeespezialitäten. Außerdem wird hier der Kellner „Herr Ober" gerufen.

„Herr Ober, eine Melange bitte!"

Im Wiener Kaffeehaus treffen sich nicht nur jene, die Lust auf einen frisch gebackenen Apfelstrudel, einen Mokka, eine Melange oder einen kleinen Braunen haben, sondern auch Künstler/innen, Intellektuelle, Politiker/innen, Wirtschaftstreibende und der/die sprichwörtliche „einfache Mann/Frau" zum Plaudern, Genießen, Diskutieren, um Tageszeitungen zu lesen, auch zum Kartenspiel oder zum Billard. Manchmal wird auch Livemusik geboten (meist Klavier bzw. Geige).

Wiens Kaffeehäuser sind für ihre gemütliche Atmosphäre bekannt. Für manche Gäste ist das Kaffeehaus längst zum zweiten Wohnzimmer geworden, bedingt natürlich durch eine große Vielfalt an Kaffeespezialitäten, den dazugehörigen Mehlspeisen und traditionellen Gerichten.

Die Wiener Kaffeehäuser sind bis heute Orte des Austausches für viele Künstler/innen, z. B. für Kaffeehausliteraten wie Arthur Schnitzler (Fräulein Else, Die Traumnovelle, Liebelei) oder Friedrich Torberg (Tante Jolesch, Der Schüler Gerber, Auch Nichtraucher müssen sterben), von denen manche dort sogar ihrer Werke schrieben.

Sehr bekannte Wiener Kaffeehäuser sind das Café Central im Palais Ferstel, das Café Sperl, das Café Prückel oder das Café Hawelka. Die Betreiber/innen der Wiener Kaffeehäuser werden auch Kaffeesieder genannt und veranstalten unter diesem Namen jährlich einen großen und sehr berühmten Ball in Wien (siehe auch S. 119).

Als klassische Einrichtung gelten Marmortischchen und Sessel von der Firma Thonet

Café Hawelka

Das Glas Wasser

Das Glas Wasser darf in Österreich zu einer Tasse Kaffee nicht fehlen. Wasser neutralisiert den Gaumen, macht die Geschmacksnerven frei für den nächsten Schluck und sollte man sich einmal versehentlich die Zunge verbrühen, gibt das Glas Wasser die schnellste Linderung.

> Vermutlich wurde das Wasserglas einst beim Adel eingeführt, um den benutzten Löffel nach dem Umrühren dort abzulegen.

> **Wussten Sie, dass ...**
> früher das Glas Wasser am Kaffeetisch auch einen praktischen Grund hatte? Das Glas wurde, sobald geleert, sofort vom Piccolo (Lehrling) wieder aufgefüllt. Das bot dem Gast die Gelegenheit, diskret neue Bestellungen aufzugeben, ohne durch das Lokal rufen zu müssen.

Wiener Kaffeehausservice

Charakteristisch im Wiener Kaffeehaus ist das Service mit der Kaffeehaustragetasse. Da keine Tischtücher Verwendung finden, werden die Getränke und kleine Speisen mit der Tasse eingestellt.

💡 In Kaffeerestaurants werden mittags und abends Tischtücher oder Tischsets verwendet. Das Service wird dann wie in einem Restaurant durchgeführt.

Wiener Kaffeehausspeisen (Schmankerln)

Natürlich wird im Kaffeehaus ein großes Mehlspeisen- und Frühstücksangebot erwartet. Traditionell werden im Wiener Kaffeehaus zusätzlich, vorwiegend kleine Gerichte angeboten, wie z. B. Butterbrot, Buttersemmel, belegte Brote, Toasts, Eiergerichte, Würstel, Gulasch, Gulaschsuppe, Bohnensuppe.

Wiener Gulasch

Das Wiener (Saft)Gulasch ist zwar verwandt, aber nicht ident mit dem ungarischen Gulyas. Während das Original eher der Wiener Gulaschsuppe ähnelt, ist das Wiener Saftgulasch eine stark veränderte Version, die einfach ein saftiges Rindsragout in der würzigen Paprikasauce hat.

> In Ungarn wird dieses Gulasch „Pörkölt" genannt und im Gegensatz zur Wiener Version auch mit Schweine- oder Kalbfleisch zubereitet.

Kaffeeservice

 Ein virtuelles Wiener Kaffeehaus finden Sie unter www.poetrycafe.com

Eierspeis

Für dieses sehr wandelbare, einfache Gericht werden Eier aufgeschlagen und kurz mit einer Gabel verschlagen. Inzwischen wird Butter in einer Pfanne zerlassen, die Eier hineingegossen und mit der flach gehaltenen Gabel bis zum Stocken gerührt. Ganz nach Gästewunsch lässt sich der Geschmack mit Schnittlauch, Zwiebel, Speck, Gemüse oder auch Grammeln (Grieben) verfeinern.

Würstel

Traditionell heißen die Würstel in Österreich „Frankfurter". Klassisch werden die Frankfurter sowie auch die schärferen Debreziner am liebsten mit Senf, frisch geriebenem Kren (Meerrettich) und Gebäck verspeist. Besteck wird dazu nicht serviert, die Würstel fasst man direkt mit einer Serviette oder einfach mit den Fingern. Wer hingegen Würstel mit Saft bestellt, den erwartet ein Paar Frankfurter in Gulaschsaft mit frischem Gebäck.

Die „Frankfurter" stammen eindeutig aus Wien. Sie wurden jedoch vom Bauernsohn Johann Georg Lahner erfunden, der in Frankfurt die Gesellenprüfung für das Metzgerhandwerk ablegte und dann auf Wanderschaft donauabwärts in Wien landete, wo er um 1800 die Meisterprüfung absolvierte.
Dank der Liebe zu einer Wiener Baronesse kam er recht bald zu einer eigenen Fleischhauerei. 1805 sollen erste mild geräucherte Würstelpaare aus feinem Brät in der Auslage gehangen haben, die er in Erinnerung an seine Gesellenzeit „Frankfurter" nannte und die sofort als Spezialität begeisterte Kundschaft fanden. Auch die gehobene Gesellschaft (Nestroy, Schubert, Strauß, Stifter) liebte diese Würstel als kleine Zwischenmahlzeit. Der Geschichte nach soll sogar Kaiser Franz Joseph zu den Genießern gezählt haben, dem Lahner bei einer Einladung aufgrund dessen Ratlosigkeit mangels Besteck geraten haben soll: „Mit den Fingern, Majestät!".

Wiener Schnitzel

Beim Wiener Schnitzel gibt es viele Legenden sowohl um den Namen als auch um dessen Herkunft. Einerseits gab es schon ein ähnliches Fleischgericht im 12. Jahrhundert in Konstantinopel, andererseits soll der Feldmarschall Graf Radetzky anlässlich eines Mailandaufenthaltes eine schnitzelartigen Speise gegessen haben und sich diese in Wien nachkochen lassen. Aber auch die Wiener/innen selbst waren schon immer bekannt dafür, verschiedene Grundzutaten zu überbacken. Der Name „Wiener Schnitzel" lässt sich übrigens erst Ende des 19. Jahrhunderts nachweisen.

Auf alle Fälle ist dieses bemehlte mit verschlagenen Eiern und Semmelbröseln panierte Kalbsschnitzel bis heute eine zentrale Spezialität in österreichischen Speisekarten. Abwandlungen mit Schweine- oder Hühnerfleisch müssen ausdrücklich in der Karte vermerkt sein. Als klassische Beilagen werden meist Petersilienkartoffeln, Reis, eine Zitronenscheibe und Preiselbeermarmelade serviert.

Tafelspitz

Sein feiner Geschmack macht den Tafelspitz zu einer besonderen Spezialität der Wiener Küche

Dieses feinfasriges Rindfleisch mit einem schmackhaften Fettrand gilt als das edelste unter den Wiener Rindfleischgerichten. Das Fleisch kommt aus dem Rinderschlegel (Keule bzw. Knöpfel) und wird nach speziellem Rezept gekocht. Zu den klassischen Beigaben zählen Apfel- bzw. Semmelkren (Meerrettich), Schnittlauchsauce, Cremespinat, Röstkartoffeln, Markscheiben und Gemüse.

Wiener Süßspeisen/Mehlspeisen

Gugelhupf

Der Gugelhupf – oder früher Gugelhopf – wird in einer typisch hohen Kranzform, ähnlich Puddingformen, aber mit einer kaminartigen Öffnung in der Mitte, gebacken. Diese Backform kann sowohl aus Keramik als auch aus Metall oder Glas sein. Es gibt je nach Teig (Hefe-, Rühr- oder Biskuitteig) bzw. Zutaten zahllose Varianten wie z. B. Germgugelhupf (Kaisergugelhupf), Marmorgugelhupf, Ölgugelhupf, Mandelgugelhupf, Rosinengugelhupf.

Ob der Gugelhupf seinen Namen vom dem lateinischen Wort für Kapuze „cuculla" oder aus dem Mittelhochdeutschen „gugele" (Kapuze) und „hopf" für Hefe hat, ist heute nicht mehr beweisbar. Sicher ist jedoch, dass seit dem Mittelalter in verschiedenen Regionen in Mitteleuropa dieser Kuchen für süße Augenblicke sorgte.

Beliebt bei Jung und Alt

> In Österreich hat der Gugelhupf auf alle Fälle eine sehr lange Tradition und wurde schon immer in höchsten Kreisen verehrt. In Bad Ischl versorgte die Konditorei Zauner schon Kaiser Franz Joseph mit Germgugelhupf, weshalb er auch Kaisergugelhupf genannt wird.

Kipferl

Das Kipferl ist in vielen Ländern ein Klassiker unter den Kaffeebegleitern. In Österreich wird dieses längliche, gebogene Gebäck dem Bäckermeister Peter Wendler zugeschrieben, doch es gab dieses Süßgebäck schon viel früher. Als Wendler nach der Zeit der Türkenbelagerung das Kipferl aus Germteig in Form des türkischen Halbmondes schuf, war es schon lange als heidnisches Brauchtumsgebäck bekannt.

Erst durch Marie Antoinette, die ja eine Österreicherin war, ist das Kipferl angeblich nach Frankreich gekommen, wo es aus Plunderteig gefertigt zum Croissant wurde.

Sachertorte

Die Sachertorte zählt zu den weltweit bekanntesten Wiener Torten. Es handelt sich dabei um eine Schokoladentorte aus speziellem Biskuitteig, die 1832 von Franz Sacher erfunden wurde und um die es schon einst einen heftigen Rechtsstreit gegeben hat. Daher kann man heute nur im Café Sacher die „Original Sachertorte" nach dem legendären Originalrezept genießen, die man an den zwei Marmeladeschichten (in der Mitte und unter der Schokoladenglasur) erkennt und deren Schokoladenglasur aus mehreren Schokoladesorten besteht.

Das weltberühmte Original

Millirahmstrudel

Diese seit der österreichisch-ungarischen Monarchie beliebte Mehlspeise wird Müllirahmstrudel ausgesprochen und heißt im hochdeutschen Milchrahmstrudel. Ob der Name von der Hauptzutat Milch stammt oder von der angeblichen Erfinderin namens Milli aus einem Gasthaus im Wienerwald, ist bis heute nicht sicher.

Auf jeden Fall ist die Herstellung eines Millirahmstrudels eine wichtige Prüfung für österreichische Mehlspeisköchinnen und -köche. Der Strudelteig muss laut österreichischer Strudelphilosophie nämlich so dünn sein, dass man eine Zeitung hindurch lesen könnte. Der Strudel wird mit in Milch eingeweichten Semmeln, Sauerrahm, Topfen (Quark), Butter, Eiern, Zucker, Vanille und Rosinen zubereitet und warm mit Vanillesauce gegessen.

💡 Der nächste Verwandte ist der Apfelstrudel, der original im Strudelteig, aber auch oft im Blätter- oder Mürbteigmantel vorkommt.

Kaffeeservice

Caffè Florian in Venedig

Café de Flore in Paris

Wussten Sie, dass ...
Cezanne und Gauguin als Stammgäste in den Kaffeehäusern galten und dafür bekannt waren, eine monatliche Kaffeerechnung auch einmal durch ein Gemälde zu bezahlen?

 Inspiriert durch eine Italienreise eröffnete der Gründer von **Starbucks** Howard Schultz die ersten Coffeeshops in den Vereinigten Staaten mit dem Prinzip, in allen Coffeeshops gleichen Geschmack und gleiche Qualität sowohl beim Kaffee als auch bei der Ausstattung zu bieten (wie bei Mc Donald's). Dabei verlieh Schultz seinen Coffeeshops eine gepflegte Alltagskultur, die üblicherweise nicht anzutreffen ist.

Italienische Kaffeekultur

Der Kaffeegenuss in Italien ist legendär, Espressobars bestimmen das Alltagsbild. Fast an die zehn Millionen Espressi gehen tagtäglich über die Kaffeetheke. Die italienische Kaffeekultur beschränkt sich aber nicht nur auf Espresso und Cappuccino. Viele kreative Kaffeespezialitäten werden oft von einer bzw. einem Barista gekonnt zubereitet.

Fast schon obligatorisch ist die morgendliche Caffè Latte (Milchkaffee), ohne die viele Italiener/innen kaum noch aus dem Haus gehen.

Im Grunde genommen werden Espresso, Caffè Latte und Cappuccino den ganzen Tag über getrunken, vor allem natürlich vormittags in den Büros oder während der Pausen an den unterschiedlichsten Arbeitsstellen.

Zwischendurch, vor allem nach dem Essen oder am Nachmittag wird auch gerne ein Caffè stretto oder Caffè ristretto genossen (siehe S. 97).

Französische Kaffeekultur

Die Französinnen und Franzosen sind wie kaum ein anderes Volk für „savoir vivre", also eine genussvolle Lebenskultur, bekannt. Dazu gehört auch eine geschichtsträchtige Kaffeekultur.

Kaffee ist für die Französinnen und Franzosen das zweitbeliebteste Getränk nach Mineralwasser und noch vor dem Wein. Der bekannte „Café au lait" wird meist morgens in der Bol, einer großen, henkellosen Kaffeetasse konsumiert. Klassischerweise gibt es dazu, wie sollte es anders sein, ein Croissant und etwas Marmelade.

Tagsüber trinkt man in Frankreich den Café eher „noir", also schwarz, wobei Frankreich nicht über eine solch lebhafte Kaffeekultur wie Italien verfügt. Tatsächlich verbergen sich hinter den „Café"-Schildern heute meist Bars.

Die traditionellen Pariser Kaffeehäuser, in denen der Kaffee zum „boisson intellectuel" wurde, sind heute verschwunden bzw. haben an Glanz verloren. Einst wurden dort viele der französischen Kaffeevariationen erfunden, die sich international sehen lassen können, wie z. B. Café Granité. Ein schwarzer, sehr starker, süßer Kaffee wird zunächst gefroren, dann zerstoßen und mit Mokkalikör verfeinert.

Amerikanische Kaffeekultur

Der klassische, amerikanische Kaffeekonsum besteht aus einer großen Menge Filterkaffee schwarz oder mit viel Milch, stehend oder gehend getrunken (Coffee to Go). Weltweit ist mittlerweile die amerikanische Kaffeekultur wohl besser bekannt unter dem Synonym „Starbucks".

Heutzutage wird man bereits in Europas Hauptstädten mit dem American Way of Coffee konfrontiert. Grund dafür ist die rasante Verbreitung dieser amerikanischen Variante des Kaffeehauses, die vor allem bei jüngeren Semestern und Junggebliebenen gut ankommt.

Spezialitäten wie „Frappuccino, Iced Coffee, Instant Coffee, Coffee to Go" und Variationen von „flavoured Coffee" im Becher mit der Aufschrift: „Vorsicht! Inhalt ist heiß!", zu genießen, liegen derzeit stark im Trend.

Weitere berühmte Kaffeekulturen bzw. Kaffeehäuser

Ungarn
New York Café Hungaria in Budapest
Das ist das älteste Café Budapests. Raffinierte Kugelleuchter, freskengeschmückte Decken und die einladende Galerie spiegeln den Charme der Jahrhundertwende noch heute wieder.

Deutschland
Zum Arabischen Coffee Baum in Leipzig
Seit 1720 gibt es in Leipzig das aufwendig restaurierte Café-Restaurant „Zum Arabischen Coffee Baum".

Tschechien
Café Nouveau Obecni Dum in Prag
An Innenausstattung ist im Gebäude des ehemaligen Rathauses von 1912 nicht gespart worden: Marmorbrunnen, Skulpturen und Wandgemälde sind von umwerfender Pracht.

Schweiz
Café Sprüngli in Zürich
Die bekannteste Schweizer Confiserie heißt Sprüngli, die seit über 160 Jahren am Züricher Paradeplatz residiert und deren berühmtes Kaffee an der Züricher Bahnhofstraße liegt.

New York Café Hungaria in Budapest

Die legendären Luxemburgerli von Sprüngli

2 Kaffeedegustation

Robert hat noch nie von Kaffeedegustationen gehört und kann sich darunter gar nichts vorstellen.

Wie bei jeder Degustation kann eine Vergleichsverkostung z. B. unterschiedlicher Kaffeesorten nur unter denselben Bedingungen (also gleiche Kaffeemenge, Röstgrad, Mahlgrad, Wassermenge, Wassertemperatur und -härte, gleiches Brühsystem usw.) erfolgen.

Wie beim Wein gibt es auch bei Kaffee eine eigene Sprache zur Beschreibung der Sinneseindrücke. Nachfolgend finden Sie eine Übersicht.

Geruch		Frisch, intensiv, würzig, dominant, schokoladig, kakaoartig, karamellig, malzig, blumig, fruchtig, verbrannt, rauchig, bitter, holzig, erdig-modrig, ranzig, chemisch/medizinisch, zitronig, gummiartig
Geschmack	Säure	Balanciert, fein, vordergründig, mild, adstringierend
	Körper	Voll, angenehm, dünn, wässrig
	Abgang	Harmonisch, kompakt, flach, leer, unharmonisch
Aroma (gesamter Eindruck von Nase und Gaumen)		Zartwürzig, würzig, dominant, schokoladig, nussig, leicht bitter, neutral, herb, stark bitter, holzig, überfermentiert („Riogeschmack", Jodgeschmack), säuerlich, süß, salzig

⚠️ Kaffee wird immer ungesüßt und schwarz verkostet.

💡 Geruch entfaltet sich am besten durch Umrühren.

Adstringierend = zusammenziehend.

💡 Verkostungstemperatur: niemals heiß, sondern lauwarm (oder in drei Durchgängen warm, lauwarm sowie kalt verkosten).

Kaffeeservice

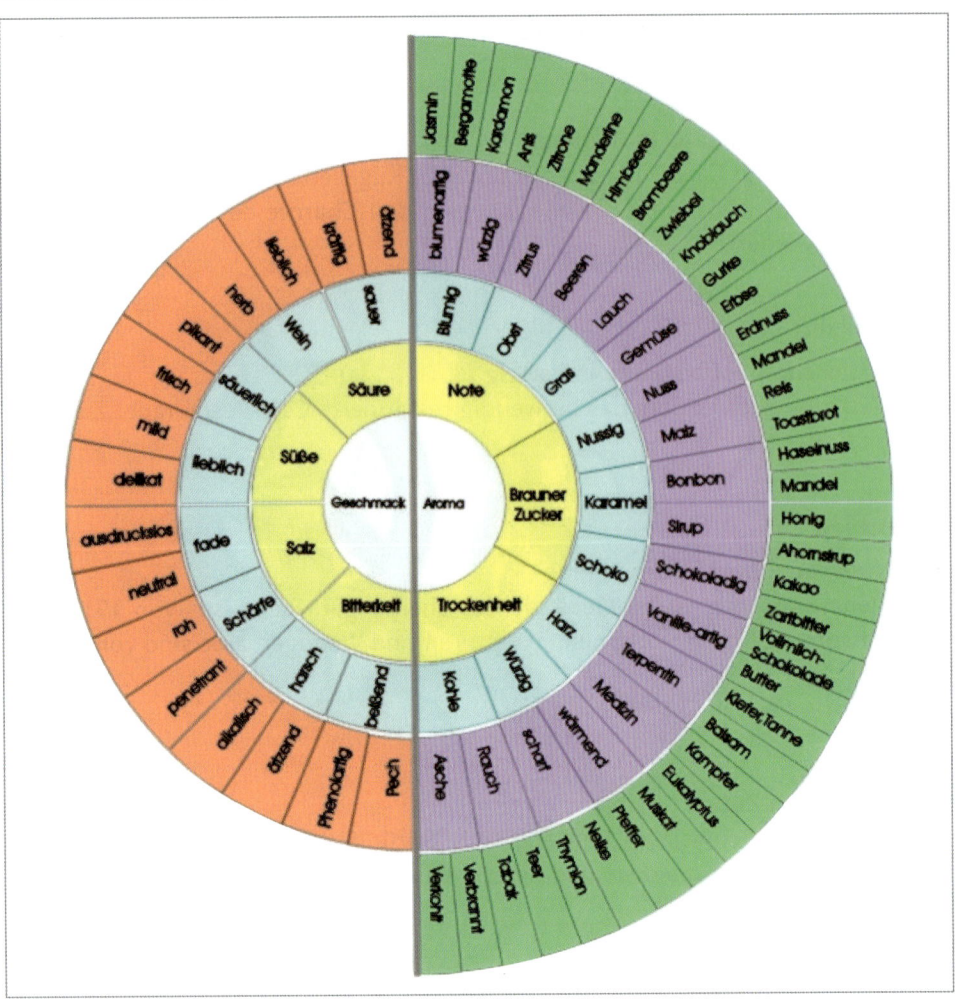

Kaffee-Aromarad laut ICO (International Coffee Organisation)

2.1 Kaffeebeurteilungsblatt (Degustationsblatt)

Verkostungstechnik

Grundsätzlich können zwei Verkostungs-/Beurteilungsmöglichkeiten gewählt werden:
- Die klassische Verkostung mit Aufguss und Brühverfahren.
- Die Espressoverkostung, wo auch das Aussehen der Crema zusätzlich Beurteilung findet.

Die **Karlsbader Zubereitung** eignet sich bei den Aufgussverfahren sehr gut für die Kaffeezubereitung bei einer Verkostung.

Das Kaffeepulver kann aber auch in eine Tasse gegeben und mit heißem Wasser aufgegossen werden **(Cupping)**. Dabei bildet sich eine Kruste an der Oberfläche, deren Duft auch beurteilt werden kann. Die Kruste wird anschließend mit dem Löffel aufgebrochen, die Kaffeearomen steigen auf. Kaffeereste, die nicht auf den Boden sinken, werden vor dem Verkosten abgeschöpft.

Für die Verkostung wird ein runder, tiefer Löffel verwendet (evtl. Bouillon- oder Suppenlöffel), mit dem der Kaffee aus der Tasse entnommen wird. Der Kaffee wird vom Löffel geschlürft (eingesaugt), sodass die Flüssigkeit bzw. die Aromen im Mund- bzw. Rachenraum zerstäuben und die Geschmackszonen der Zunge gleichmäßig benetzt werden.

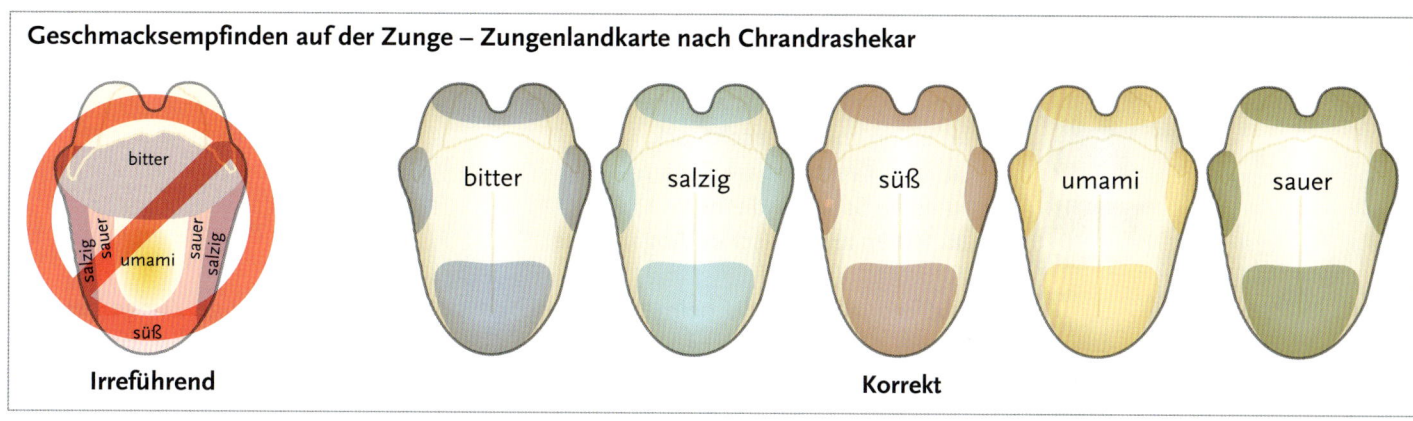

Geschmacksempfinden auf der Zunge – Zungenlandkarte nach Chrandrashekar

Irreführend — Korrekt

Zum Neutralisieren trinkt man Wasser bzw. kann man auch den Löffel mit Wasser spülen, bevor der nächste Kaffee probiert wird.

Degustationsblatt

Datum	Kaffee 1	Kaffee 2	Kaffee 3
	Gewaschen ☐	Gewaschen ☐	Gewaschen ☐
	Trocken ☐	Trocken ☐	Trocken ☐
Aussehen der gerösteten Bohnen			
Farbe			
Form			
Größe			
Fehler			
Geruch			
Kaffeegetränk			
Aussehen/Crema			
Geruch			
Geschmack (Säure)			
Geschmack (Körper)			
Abgang/Nachhall			
Aroma			
Bewertung			
Qualität			
Herkunft/Gruppe			
Persönliche Bewertung			

💡 Umami reagiert auf Eiweißstoffe und wird vor allem durch Glutamate aktiviert. Umami ist eine Grundsinneswahrnehmung, die verschiedene Auswirkungen haben kann: es kann Aromen verstärken, aber auch überlagern bzw. korrigieren.

✏️ Führen Sie in der Klasse eine Kaffeeverkostung mit gleich hergestellten Kaffeeaufgüssen (also gleiche Kaffeemenge pro Tasse, gleicher Mahlgrad, gleiche Zubereitung, gleiches Wasser) aus Bohnen verschiedener Herkunft durch und erstellen Sie ein entsprechendes Degustationsblatt. Sie können auch einen anderen Faktor variieren, z. B. den Mahlgrad, die Kaffeemenge, das Wasser oder das Milchprodukt. Ändern Sie aber immer nur einen Qualitätsfaktor, damit Sie ein aussagekräftiges Ergebnis erhalten!

💡 Die schriftliche Festhaltung der Verkostungsnotizen dient dazu, sich die Sinneseindrücke zu einem späteren Zeitpunkt nochmals in Erinnerung rufen zu können.

2.2 Kaffeebeurteilung

Beste Kaffeequalität zeichnet sich durch
- einen vollen Geschmack,
- kaum verspürbare Schärfe,
- feine Säure und einen
- feinen aromatischen Abgang aus.

Kaffeequalitäten, die beim Abgang scharf sind, eine raue, pelzige Zunge bereiten sowie einen metallischen oder erdigen Geschmack aufweisen, sind nicht empfehlenswert.

Selbstverständlich ist jede Verkostung auch eine individuelle Beurteilung, die nur bedingt zu verallgemeinern ist. Deshalb ist eine derartige Degustation auch eine Schulung der Sinne und darf keinesfalls als allein gültige Meinung Gästen aufgedrängt werden.

Wie bei allen Verkostungen gibt es für den Veranstaltungsraum und für die Teilnehmerinnen und Teilnehmer verschiedene Anforderungen:

- Der Raum sollte über Tageslicht (oder zumindest über eine gute Beleuchtung) verfügen, eine angenehme Temperatur aufweisen und eine gute Luftzirkulation haben.
- Fremdgerüche durch Blumen, Kosmetika, Zigaretten- oder Küchengerüche sind unbedingt zu vermeiden, um möglichst objektiv beurteilen zu können.
- Wasser dient der geschmacklichen Neutralisierung des Gaumens.
- Spucknäpfe sollen zur Verfügung stehen.
- Die Anzahl der Kaffees, die zur Verkostung kommen, soll der Erfahrung der Teilnehmer/innen angepasst sein.
- Auch die Uhrzeit der Verkostung ist von großer Bedeutung. Der ideale Zeitpunkt wäre am Vormittag, weil sich hier die Verkosterin bzw. der Verkoster grundsätzlich in bester psychologischer und physischer Verfassung befindet. Wird eine Verkostung für den Nachmittag angesetzt, ist darauf zu achten, dass sie nicht unmittelbar nach dem Mittagessen stattfindet.
- Die wichtigsten persönlichen Voraussetzungen der Verkosterin bzw. des Verkosters sind eine gute Tagesverfassung und keine Verkühlung, damit die sensorischen Empfindungen nicht beeinträchtigt werden.

Die endgültige Bewertung kann mit Noten- oder Plus-Minus-System oder auch mit Punkten wie beim Wein erfolgen. Richtlinien für eine hochprofessionelle Kaffeebeurteilung hat die SCAA (Speciality Coffee Association of America, siehe auch S. 119) aufgestellt. Sie liefert Vorlagen für Formulare (Cupping Protocol, Cupping Form), die auch von Berufstestern bzw. -testerinnen verwendet werden.

3 Kalkulation

Egal ob Verlängerter oder kleiner Brauner, die Kaffeepreise in den Gaststätten variieren teilweise sehr stark. Katrin möchte wissen, wie der Kartenpreis einer Tasse Kaffee berechnet wird.

Grundlage für die Kalkulation ist die Kostenrechnung eines Betriebes, in der alle Kosten des Betriebes erfasst werden, auch jene, die nicht offen ersichtlich sind (Gemeinkosten wie z. B. Miete, Strom, Personal).

Kalkulation des Verkaufspreises von Kaffeegetränken

Um eine Kalkulation durchführen zu können, muss zuerst der Wareneinsatz ermittelt werden.

Nettowareneinsatz eines kleinen Mokka

Der Nettowareneinkaufspreis eines Kilogramms qualitativ hochwertigen Bohnenkaffees beträgt	16,00 €	
Portionsmenge (kleiner Kaffee)	7 g	
Ausschankverlust/Schwund	2 %	

Berechnung der verkaufbaren Portionen

Verpackungsinhalt	1 000 g	=	100 %
− Schwund	20 g	=	2 %
Verkaufbare Menge	980 g	=	98 %
Portionsgröße	7 g	=	0,7 %

Verkaufbare Portionen
140 Portionen (Berechnung: 980 : 7 = 140 Portionen)

Nettowareneinsatz pro kleinem Mokka
16,00 € : 140 = **0,11 €**

 Berechnen Sie den Nettowareneinsatz für einen kleinen Mokka, wenn der Nettoeinkaufspreis für ein Kilo Bohnenkaffee bei 10,00 € liegt.

Dann erst erfolgt die eigentliche Kalkulation des Kartenpreises, also des Betrages, den der Gast in der Getränkekarte lesen kann.

Kalkulation des Verkaufspreises/Kartenpreises für einen kleinen Mokka

Wareneinsatz kleiner Mokka	€	0,11
+ Wareneinsatz Zucker	€	0,02
Wareneinsatz gesamt	€	0,13
+ 820 % Nettorohaufschlag (aus der Buchhaltung)	€	1,066
Grundpreis	€	1,196
Grundpreis	€	1,196
+ 15 % Bedienungsgeld	€	0,179
Nettoverkaufspreis	€	1,375
+ 20 % USt.	€	0,275
Verkaufspreis	€	1,650
Kartenpreis	€	**1,70**

Werden im Unternehmen weitere Beigaben wie Kekse, Konfekt oder gar Petits Fours beigestellt, müssen diese Kosten auch in die Kalkulation einfließen!

Kaffeeservice

Kalkulation des Verkaufspreises/Kartenpreises für einen kleinen Braunen

Wareneinsatz kleiner Mokka	€	0,11
+ Wareneinsatz Zucker	€	0,02
+ Wareneinsatz 1 cl Obers	€	0,02
Wareneinsatz gesamt	€	0,15
+ 820 % Nettorohaufschlag (aus der Buchhaltung)	€	1,23
Grundpreis	€	1,38
+ 15 % Bedienungsgeld	€	0,207
Nettoverkaufspreis	€	1,587
+ 20 % USt.	€	0,317
Verkaufspreis	€	1,904
Kartenpreis	€	**1,90**

🧮 Berechnen Sie den Kartenpreis für einen kleinen Braunen aus dem obenstehenden Beispiel, wenn das Bedienungsgeld 12,5 % ausmacht.

💡 Man sollte in regelmäßigen Abständen neu kalkulieren, da laufende Betriebskosten (z. B. Wassergebühren, Rohstoffe, Energie, Müll, Personalkosten) stetig steigen und bei zu später Preiserhöhung der unternehmerische Erfolg stark leidet.

Berechnung des Deckungsbeitrages/Nettorohaufschlages bei einer Melange

Wareneinsatz Wiener Melange (inkl. Zucker, Milch, ein Stück Schokobohne/Praline)	€	0,20
Verkaufspreis Wiener Melange	€	2,50
− 20 % USt.	€	0,416
Zwischensumme	€	2,084
− 15 % Bedienungsgeld	€	0,312
Grundpreis	€	1,772
− Wareneinsatz	€	0,20
Deckungsbeitrag	€	**1,572**

Nettorohaufschlag
Deckungsbeitrag 1,57 € x 100 : 0,20 € (Wareneinsatz) = **785 %**

4 Kaffeeorganisationen

Katrins großes Ziel ist es, einmal bei den Weltmeisterschaften der Barista teilzunehmen. Sie weiß, dass diese von einer Kaffeeorganisation veranstaltet werden. Aber wie heißt diese?

Der Kaffeehandel unterliegt der freien Vermarktung, das heißt, der Erzeuger bzw. die Erzeugerin entscheidet, zu welchem Zeitpunkt welche Qualität, Menge, Ernte usw. verkauft werden.

Beratung und teilweise Kontrolle gibt es durch unterschiedliche Organisationen, die die Kaffeevermarktung übernehmen. Gebrauch von diesen Organisationen können sowohl Pflanzer/innen, Kooperativen, Export- und Importbetriebe als auch verarbeitende Firmen sein.

Die ICO

Die **International Coffee Organization** mit Sitz in London regelt den internationalen Kaffeehandel. Ein Großteil der Erzeugerländer und die bedeutendsten Weltmärkte (Importländer) sind darin vereinigt. Bereits 1962 wurde das internationale Kaffeeabkommen **ICA** (International Coffee Agreement) abgeschlossen, dem noch weitere folgten. Immer wieder kommt es zu Gesprächen über Preisstützungsaktivitäten zwischen Produktions- und Konsumländern. Angestrebt wird einerseits einen Ausgleich zwischen Angebot und Nachfrage zu schaffen und durch Quotenregelungen die Exportmengen der einzelnen Produktionsländer zu Mindest- bzw. Höchstpreisen festzulegen.

Weitere Kaffeeverbände:
SCAE (Europa), **SCAA** (Amerika), **AASCA** (Australien-Asien), **SCAJ** (Japan).

Der Kaffee- und Teeverband

Dieser österreichische Verband setzt zahlreiche Impulse, z. B. den „Tag des Kaffees", der jährlich am 1. Oktober breitenwirksam veranstaltet wird.

> In Österreich und insbesondere in Wien sind die Kaffeehausbesitzer/innen seit jeher in enger Zusammenarbeit und so wird schon weit über 50 Mal jährlich der berühmte „Wiener Kaffeesiederball" veranstaltet, der in der Wiener Hofburg stattfindet und ein absolutes, international beachtetes Highlight der Wiener Ballsaison bildet.

Die SCAE

Die **Speciality Coffee Association of Europe** ist der europäische Spezialitätenkaffeeverband, also eine Konsumentenorganisation, mit Sitz in London. Unter diesem Dachverband haben sich Kaffeespezialisten und -spezialistinnen von der Pflanzerin und dem Pflanzer bis zur/zum Barista zusammengeschlossen, um die Kaffeequalität zu heben und das Wissen um Spezialitätenkaffee zu fördern.

„World of Coffee" ist die Kaffeefachmesse der SCAE, die gekoppelt an die Weltmeisterschaften abwechselnd in verschiedenen europäischen Hauptstädten stattfindet und als Ideenbörse für alle Kaffeebegeisterten dient (2012 in Wien).

> **Speciality Coffee** bzw. Gourmetkaffee sind Getränke höchster Qualität. Der Kaffee wird in definierten Gebieten angebaut und Rohkaffee, Röstung, Lagerung und Zubereitung entsprechen den höchsten Anforderungskriterien.

Der Verband legt unter anderem Standards für Stärken bzw. Zubereitungen fest und versucht verschiedene Verfahren, wie z. B. Filterkaffee durch das sogenannte Golden Cup Programm, durch genormte Qualität zu bewerben. Es werden auch Details mit den einzelnen Länderorganisationen bzw. mit anderen Großverbänden besprochen und falls möglich abgeglichen. Bei kulturellen Unterschieden (z. B. in Amerika wird Kaffee schwächer als in Europa getrunken, im Norden Europas schwächer als im Süden) versucht man sich auf Mittelwerte bzw. Von-Bis-Skalen zu einigen.

Seit 2002 existiert auch in Österreich (Austrian Chapter) eine nationale Spezialitätenkaffeevereinigung, die dem europäischen Verband angeschlossen ist. Die österreichische SCAE bietet Aus- und Fortbildungskurse, kümmert sich um die Zertifizierung der Fachleute und richtet jedes Jahr die „Austrian Barista Championship" aus. Die Gewinnerin bzw. der Gewinner vertritt Österreich dann bei der „World Barista Championship", die 2012 in Wien stattfand.

Österreichische und weltweite Wettbewerbe für Kaffeespezialistinnen und -spezialisten gibt es meist in folgenden Kategorien:
- Barista Championship
- Brewers Cup
- LatteArt Championship
- Cup Taster Championship
- Cezve/Ibrik Championship

Kaffeeservice

Ziele erreicht? – „Kaffeeservice"

1. Kreuzen Sie positive Beispiele bei der Gästebetreuung hinsichtlich Kaffeeservice an.

2. Suchen Sie zehn mit Kaffee harmonierende Speisen oder Getränke.

P	C	W	E	Y	Q	K	B	K	F	L	A
N	T	W	Y	E	O	E	R	L	A	C	P
E	G	Q	E	T	G	S	K	P	K	O	P
H	A	A	K	R	U	I	E	R	O	G	A
C	P	R	S	O	N	E	K	R	Y	N	R
U	H	M	I	T	Z	P	S	E	Y	A	G
K	A	A	H	J	L	S	E	O	N	C	S
C	W	G	W	X	R	L	H	K	P	S	B
W	L	N	Y	O	V	H	O	I	R	W	E
R	V	A	Q	W	T	E	N	L	D	Y	T
Q	Q	C	H	R	R	M	X	J	X	J	U
E	D	A	L	O	K	O	H	C	S	R	N

3. Wie lauten die zehn häufigsten Irrtümer bezüglich Kaffee? Erklären Sie kurz, warum es Fehlmeinungen sind.

4. Erläutern Sie die Wiener Kaffeehauskultur mit ihren Eigenarten und mindestens fünf traditionelle Wiener Kaffeehausgerichte.

5. Stellen Sie die italienische, französische und amerikanische Kaffeehauskultur gegenüber. Womit sind Gäste aus diesen Ländern vertraut bzw. was erwarten sie beim Kaffeeservice?

Italienische Kaffeehauskultur	Französische Kaffeehauskultur	Amerikanische Kaffeehauskultur

6. Geben Sie die allgemein nötigen Daten einer Kalkulation für den Verkaufspreis von einem Kaffeegetränk an.

+ _____

+ _____

+ _____

+ _____

gerundet auf die _____

Kaffeeservice

7. Schreiben Sie die nachfolgend in Form von Abkürzungen angeführten Kaffeeorganisationen mit voller Bezeichnung auf.

ICO _____

SCAE _____

8. Welche Beschreibungen für das jeweilige Beurteilungskriterium bei einer Kaffeedegustation fallen Ihnen ein?

Geruch		
Geschmack	Säure	
	Körper	
	Abgang	
Aroma		

9. Finden Sie die Fachbegriffe bei einer Kaffeeverkostung.

Senkrecht
1 ... stören eine Verkostung.
3 Verkostungstechnik.
5 Dient der Geschmacksneutralisierung zwischendurch.

Waagrecht
2 Besondere Geschmacksempfindung.
4 Wichtige Tätigkeit beim Verkosten.
6 Davon wird verkostet.

Stichwortverzeichnis

A

Abfüllung 47
Abgang 113
Abstreifmethode 27
AC (Alcides Carvalho) 70
Acrylamid 61
Adenosin 64
Aeropress 80 f.
Afrika 25 f., 36 ff.
Aged Sumatra 38, 56
Alcides Carvalho (AC) 70
Alkaloide 61 ff.
Alkohol 64
Allergie 65
Alter der Ernte 34
Amerikanische Kaffeekultur 112
Amerikanische Röstung 53
Amerikanischer Eiskaffee-Flip 100
Anbau von Kaffee 13 ff.
Anbaugebiete 18 ff.
Anbauhöhe 19
Anbauländer 15, 20 f., 35 ff.
Angola 25, 40
Anpresser 86
Antioxidantien 65
Apfelstrudel 111
Äquatorial-Guinea 25, 36
Arabica 18 ff., 40 ff.
Arabien 8, 36 f.
Arabischer Coffee Baum 113
Aroma 50 ff., 61 ff., 89, 113
–rad 114
–ventil 55
Aromatisierte Kaffeemischungen 73
Asien 26, 38 f.
Äthiopien 8, 21, 25, 36
Äthiopischer Waldkaffee 56
Atlantic (Höhenlage) 34
Aufbereitung 28 ff.
Aufbewahrung 107
Ausbildung 11 f., 119
Aussehen 34
Australia Queensland Skybury 39
Australien 39
Avicenna 8

B

Bailey's Kaffeeshake 100
Barista 11 f.
– Championship 12, 119
Baum 14 ff.
Bedienung einer Espressomaschine (Halbautomat, Siebträgermaschine) 84 f.
Begaste Folienverpackung 55
Beigaben zum Kaffee 95, 117
Benin 25, 36
Berliner Eiskaffee 97
Beruf 11 f.
Bestellung von Kaffee 106 ff.
Beurteilung von Kaffee 116
Biedermeier Kaffee 97
Bioanbau 17 f.
Bitter 90, 115
Bittere Speisen und Kaffee 107
Blends 39, 49
Blindsieb 85
Blue Mountain 42
Blüte 16
Bohnen, Fehler 31 ff.
Bohnengröße 33
Bohnenkaffee, sortenrein 68
Bohnenkaffeemischungen 68 f.
Bohnen mit Häutchenresten 32
Bohnen, roh 16 f.
Bol 112
Bolivien 25, 40
Bourbon 19, 40 f.
– Santos 40
Branchenriesen 47
Brasilien 21, 25, 40
– Fortaleza 40, 56
Brauner 96
Brazils 40
Brewers Cup 119
Bruch 31
Brühgruppe, Reinigung 85
Brühsieb 83
Brühtemperatur 77, 108
Bugishu 37
Bulkware 48
Burundi 25, 36 f.

C

Café au lait 99, 112
Café brûlot 99
Café crème 98, 99
Café de Flore, Paris 112
Café Doppelcrème 99
Café fouetté 99
Café Granité 112
Café New York Hungaria 113
Café noir 112
Café Nouveau Obecni Dum, Prag 113
Café Sprüngli, Zürich 113
Cafestol 65
Caffè corretto 98
Caffè Florian, Venedig 112
Caffè latte 98, 112
Caffè lungo 98
Caffè macchiato 97
Caffè milanese 98
Caffè ristretto 97, 112
Caffè shakerato 98
Caffè stretto 97, 112
Canturra 19
Cappuccino 98, 112
–, aromatisiert 98
–, geeist 98
Caracolillo, Caracolito 33
Carving (Milchschaum) 92 ff.
Catai 19
Celebes Kalossi 38
Central, Café 109
Cezve 79
– Championship 119
Chagga AA 37
Chambord 80
Chargenröstung 51 f.
Chlorogensäure 62 ff.
Chrandrashekar, Zungenlandkarte nach 115
Cittamorra 19
Cocktails mit Kaffee 100
Coffea 18
– arabica 18 ff.
– canephora 18 ff.
– charrieriana 20
– excelsia 18 ff.
– liberica 18 ff.
Coffee to go 100, 112
Columbian Grade AA 41
Conillon 19, 40
Container 48
Continental-Röstung 53
Corretto 98
Costa Rica 25, 40, 42 f.
Crema 89 f.
Croissant 111 f.
Cup of Excellence 40
Cupping 35, 114

D

Dampfdüse (-ventil) 91 f.
Dark French (Röstung) 54
Debreziner Würstel 110
Deckungsbeitrag 118
Degustation 113 ff.
–, Arbeitsaufgaben 101
Degustationsblatt 114 ff.
Desserts und Kaffee 107
DGE (Deutsche Gesellschaft für Ernährung) 65
Diodato 10
Dominikanische Republik 25, 40, 42
Dose für Kaffee 55, 68
Dosiermühlen 86 f.
Dunklere Röstung 53
Dusche 83

E

Ecuador 25, 40
Edelstahlkännchen für Milchschaum 91
Eierspeis 110
Einbrand 50
–kontrolle 51
–verlust 62
Eingruppige Siebträgermaschinen 83
Einkauf 47, 55, 68
Einspänner 96
Einstellung des Mahlgrades 87

Einzelröstung 49, 54
Eiskaffee 97
—Flip, amerikanischer 100
Eiweiß 61 f.
El Cafetal 40
El Salvador 25, 40, 42
Elfenbeinküste 25, 36
Endverpackung 54 f.
Entkalken 85
Entkoffeinierter Kaffee 69 ff.
Entkoffeinierung 70
Entpulpen 29 ff.
Entwicklung der Pflanze 15 ff.
Ernte und Aufbereitung/Ziele
   erreicht? 43 ff.
Ernte 25 ff.
—erträge 28
—methoden 26 ff.
—zeiten 25 f.
Ersatzstoffe 68 ff.
Espresso 88 ff., 97, 112
–, abgekühlt 100
– con panna 98
– doppio con latte 98
—herstellung, Fehler 89 f.
—kanne 80
– macchiato 97
—maschinen 81 ff.
—röstung 54
—zubereitung 81 ff., 88 ff.
Excelsia 18 ff.
Excelso (Aussiebung) 41
Extra Fancy (Kona) 43
Extraktion 70
Extraktionsmittel 69 f.
Extraktionszeit, zu lange 90

F

Fair Trade 17 f.
Fancy (Kona) 43
Farbe 33 f., 50, 53 f.
Fass 56 f.
Fehler 31 ff.
  – bei der Espressoherstellung 89 f.
Feigenkaffee 72
Fermentation 29 ff., 57
Fette Speisen und Kaffee 107
Fettstoffe 61 ff.
Feuchtigkeitsgehalt 50 ff.
Fiaker 97
Filteraufguss 77 f.
Filterbrühverfahren 53
Filtereinsätze 85
Filterkaffee 112
Filtermaschine (-methode) 77 f.
Flavoured Coffee 112
Folientunnel 31
Folien-Vakuumverpackung 55
Form 34
Fortbildung 11 f., 119
Frankfurter Würstel 110
Frankreich, Kaffeeklassiker aus 99
Franziskaner 96
Französische Kaffeekultur 112
Französische Röstung 53
Frappuccino 112

Freestyle (Milchschaum) 92 ff.
Freeze-Kaffees 100
French Press 80
Früchte 16 f.
Frühstücksröstung 53

G

Gabun 25, 36
Galapagosinseln (Kaffee) 40, 56
Gasdichtes Wachspapier 55
Gästebetreuung 106 ff.
Gattierungswaage 54
Gefriertrocknung 71 f.
Gegärte Bohnen 31
Geisha 56
Gerstenmalzkaffee 72
Geruch 34, 113
Geschichte des Kaffees 7 ff.
–/Ziele erreicht? 12
Geschmack 34 f., 53 f., 113
Gewaschener Kaffee 28 ff.
Gewichtsverlust 50 f.
Gewürzkaffee 99
Ghana 25, 36
Gießen von Milchschaum 92 f.
Glas Wasser 109
Gold, Schale 96
Gran Café de Caldas 41
Grand Cru Kaffee 43
Grand Lares 42
Großer Brauner 96
Großer Mokka (kurz) 95
Großröstereien 52
Grüne, unreife Bohnen 31
Guatemala 21, 25, 40 f.
Gugelhupf 111
Gulasch 109

H

Haiti 25, 40
Haitian Bleu 42
Halbautomat 82
–, Bedienung 84 f.
–, Reinigung 85
Halbtrockene Aufbereitung 28 ff.
Haltbarkeit von Kaffee 108
Haltbarmilch (H-Milch) 108
Handel und Verarbeitung 46 ff.
–/Ziele erreicht? 58 f.
Handfilterung 77 f.
Handhebelmaschine 83
Handpflückung 27
Handpulper 29
Harmonie von Kaffee und Getränken oder
   Speisen 106 f.
Harrar 36
Hartes Wasser 76 f.
Hauptabnahmeländer 35
Haushaltsmühlen 87
Hawaii 43
– Kona Extra Fancy 56
Hawelka, Café 109
HB (hard bean) 34
Heißluftröstung 51 f.
Helle französische Röstung 53

Helle Röstung 53
Herzform (Milchschaum) 93
HGA (high grown atlantic) 34
Hochlandkaffee 19 ff.
Höhenlage 33
Holzfässer 47
Holzmühle 87
Holzstückchen 32
Honduras 21, 25, 40, 42
Hornschicht 31
Huixtla 41

I

Ibn Sina 8
Ibrik 79
– Championship 119
ICA 119
Iced Cappuccino 98
Iced Coffee 112
ICO 114, 119
Illy, Francesco 55
Importeure 47 f.
Indenie 19
Indian Monsooned Malabar 56
Indien 21, 25, 38 f.
Indonesien 21, 25, 38
Inhaltsstoffe 60 ff.
Instantkaffee 71 f., 112
International Coffee Agreement 119
International Coffee
   Organisation 114, 119
Ionenaustausch-Verfahren 76 f.
Irish Coffee 99
Irrtümer über Kaffee 107 f.
Italien, Kaffeeklassiker aus 97 f.
Italienische Kaffeekultur 112
Italienische Röstung 54

J

Jamaika (Blue Mountain) 25, 40, 42, 56 f.
Java 38 f.
– arabica 19
Jemen 8 f., 37
Jet-Zonen-Röstung 52 f.
Juncalito 42

K

Kaffa 8
Kaffeeanbau 13 ff.
–/Ziele erreicht? 21 ff.
Kaffeebaum 14 ff.
Kaffeebeigaben 95, 117
Kaffeebestellung 106 ff.
Kaffeebeurteilung 116
Kaffeebohnen, roh 16 f.
Kaffeecocktails 100
Kaffeedegustation 113 ff.
–, Arbeitsaufgaben 101
Kaffeedose 55, 68
Kaffee-Ersatzmittel 72 f.
Kaffeefachmesse 119
Kaffeegenießer 10
Kaffeegetränke (Spezialitäten) 95 ff.
Kaffeegürtel 18

Kaffee, Harmonie mit Getränken oder Speisen 106 f.
Kaffeehaus 10, 108 ff.
Kaffeehäuser, berühmte 109, 112, 113
Kaffeehaus-Klassiker 95 ff.
Kaffeehauskultur 10, 108 ff.
Kaffeehausliteratur 109
Kaffeehausservice, Wiener 109
Kaffeeinhaltsstoffe 60 ff., 65 f.
Kaffee, Irrtümer 107 f.
Kaffeekapseln 73
Kaffeekirschen 16 f.
Kaffeeklassiker aus der Schweiz 98
Kaffeeklassiker aus Frankreich 99
Kaffeeklassiker aus Italien 97 f.
Kaffeeklassiker aus Österreich (Wien) 95 ff.
Kaffeekultur, amerikanische 112
Kaffeekultur, französische 112
Kaffeekultur, italienische 112
Kaffeeländer 15, 20 f., 35 ff.
Kaffeelongdrink „Eisbär" 100
Kaffeemarken 47
Kaffeemarkt 47
Kaffeemaschine 77 ff.
Kaffeemenge 75
Kaffeemischungen, aromatisiert 73
Kaffeemühlen 85 ff.
Kaffee, Name 11
Kaffeeöle 50 ff., 63, 87
Kaffeeorganisationen 118 f.
Kaffeepads 73
Kaffeepflanze 14 ff.
Kaffeepreisentwicklung 25
Kaffeeprodukte 67 ff.
 – und ihre Zubereitung/ Ziele erreicht? 101 ff.
Kaffeequalität 116
Kaffeeservice 105 ff.
 –/Ziele erreicht? 120 ff.
Kaffeesieder, Wiener 109, 119
Kaffeesorten 18 ff.
 – aus den Regionen 35 ff.
Kaffeestrauch 15 ff.
Kaffee und Mineralwasser 106, 108
Kaffee und Speisen 107 ff.
Kaffee und Spirituosen 107
Kaffee- und Teeverband 119
Kaffee und Wasser 51, 76 f., 90, 106 ff.
Kaffeeursprung 8 f.
Kaffeeverbrauch, weltweit 69
Kaffee, verkehrt 96
Kaffeezubereitung (Methoden) 62, 67 ff.
Kahlùa-Shake 100
Kahweol 65
Kaisergugelhupf 111
Kalkulation 117
 –, Beigaben 95
Kalorien 61
Kalte Wiener Kaffeehaus-Klassiker 97
Kamerun 25, 36
Kapselsysteme 73
Kapuziner 96
Karibik 25, 40 ff.
Karlsbader Kanne (Methode) 78, 114
Kartenpreis 117
Kaveh Kanes 9

Kegelmahlwerk 86 f.
Kenia AA 57
Kenia 25, 36
Kipferl 111
Kirschen 16 f.
Klassifizierung 32 ff.
Kleiner Brauner 96
Kleiner Mokka (kurz) 95
Kleiner Schwarzer 95
Klimavoraussetzungen 14 f.
Knacken der Bohnen 50
Koffein 20, 61 ff.
 –freie Kaffeepflanze 20, 70
 –haltiger Schonkaffee 69
Kohlenhydrate 61
Kolbenmaschinen 81
Kolonialzeit 9
Kolschitzky 10
Kolumbien 21, 25, 41
Kona Fancy 43
Kongo 25, 36
Kontaktröstmaschine 50
Kontaktröstung 51 f.
Kontaktzeit 74
Kontinuierliche Röstung 52
Konvektionsröstung 52 f.
Kopi Luwak 38, 57
Kopi Tongkonan 38, 57
Körper 113
Krankheiten 17 f.
Kuba 25, 40
Kühlschrank (Aufbewahrung) 55, 68, 107
Kühlsieb 51
Kühlung des Röstgutes 51

L

Lagerung 68, 107
Latte macchiato 98
 –, aromatisiert 98
Latte-Art 92 ff.
 – –Besteck 94
LatteArt Championship 119
Leber 65
LGA (low grown atlantic) 34
Liberica 18 ff.
Lloyds 10
Lochgröße 33
Lokum(i) 79
Longdrink mit Kaffee 100
Löslicher Kaffee 71
Luxemburgerli (Sprüngli) 113

M

Macchinetta 80
Madagaskar 25, 36 f.
Magen 61 ff.
Mahlgrad 74 f.
 –, Einstellung 87
Mahlung 74 f., 108
Mahlvorgang 74
Malabar AA 39, 56
Malawi 25, 36
Malzkaffee 72
Mandel-Eiskaffee 100
Mandelheling 38

Mängel 33
Maraba 37
Maragogype 19, 41 f., 57
Marcala 42
Maria Theresia 97
Marmorgugelhupf 111
Marokkaner 99
Maschinelle Ernte 27
Mattari 37
Mazagran 97
Mehlspeisen 111
Melange, Wiener 96
Meseta Central (Höhenlage) 34
Mexiko 21, 25, 40 f.
Milch 90 ff.
Milchrahmstrudel 111
Milchschaum 90 ff.
 –, Herstellung 91 ff.
 –, kalter 100
 –techniken 92 ff.
Mild behandelter Kaffee 69
Milds 40
Millirahmstrudel 111
Minas-Bohnen 32
Mineralstoffe 61 ff.
Mineralwasser und Kaffee 106, 108
Mischröstung 49, 54
Mischung 47, 49, 68 f.
Mittelamerika 25, 40 ff.
Mittlere Röstung 53
Mocha (Mokka), Hafen 8 f.
Mokka 95
 –pot 80
Monsooned coffee (Monsun-Kaffee) 39
Monsooned Indian Malabar 39, 56
Monsooning 39
Montebello 41
Mountain Top 39
Mozartkaffee 97
Mucilage 29
Mühlen 85 ff.
Mundo Nuovo 19, 70

N

Nachhaltiger Anbau 17 f.
Nachhaltiger Kaffee 41 f.
Naked Portafilter 83
Name des Kaffees 11
Nasse Aufbereitung 28 ff.
Natural coffee (naturals) 28
Naturmilder Kaffee 69
Neapolitan (Röstung) 54
Nebenernte 25
Nettorohaufschlag 118
Nettowareneinsatz 117
Neumann, überstürzter 96
New crop 34
New York Café Hungaria, Budapest 112
New Yorker Standardtypen 33
Ngozi 37
Nicaragua 25, 40
Nigeria 25, 36
Noisette 99
Number One (Kona) 43
Nursery 15
Nuss, Schale 96

O

Obecni Dum 113
Obermayer 96
Ocoa 42
Ohren 31
Old crop 34
Öle 50 ff., 63, 87
Organisationen 118 f.
Organoleptische Prüfung 34 f.
Österreich, Kaffeeklassiker aus 95 ff.
Oxidation 55
Ozeanien 26

P

Pacamara-Bohne (Pacas) 42
Padsysteme 73
Panama 25, 40
Papst Clemens VIII 10
Papua-Neuguinea 25, 38 f.
Paraguay 25, 40
Peaberries 17, 33, 36
Percolator-Methode 80
Pergaminos 15, 29
Perlbohnen 17, 33, 36
Persischer Kaffee 99
Peru 21, 25, 40 f.
Pflanze 14 ff.
 – (Milchschaum) 93
Pflanzschule 15
Pflege der Pflanze 17 f.
Pharisäer 97
Philippinen 25, 38 f.
pH-Wert des Wassers 76
Picking 27
Plantage 15 f.
Portafilter 83
Portionskaffee 73
Preinfusion 75
Pressstempelkanne 80
Proberöstung 49
Produktionsländer 20 f., 35 ff.
Propellermühle, elektrisch 87
Protein 61 ff.
Provenienzröstung 49
Prückel, Café 109
Prüfung im Erzeugerland 34 f.
Puerto Rico 42
Pulped natural coffee 30
Pulper 29 ff.
Pumpenmaschinen 81
Purin-Alkaloid 64

Q

Qualität von Kaffee 116
Quenching 52

R

Rahat 79
Rainforest Alliance 17 f.
Regionale Kaffeesorten 35 ff.
Reinigen 31 ff.
Reinigung eines Halbautomaten (Siebträgermaschine) 85
Reprocessed raisins 30
Restkoffeingehalt 70
Rio Flavour 40
Rio-Bohnen 32
Ristretto 97, 112
Robusta 18 ff., 40 ff.
Roggenmalzkaffee 72
Rohkaffee 16 f.
—-Agenten 47 f.
–prüfung 34 f.
Rohkoffein 70
Rollen (Milchschaum) 91 f.
Röstablauf 49
Röstanlage 50 ff.
Röstdauer 49 ff.
Röstdefinition 48
Rösten 46 ff.
Röstgrad 49 ff., 53 f.
Röstkaffee 48
Röststufen 53 f.
Rösttrommel 50 ff.
Röstung 49 ff.
 – unter Zuckerbeigabe 54
Röstverfahren 51
Röstverlauf 53
Röstvorgang 49 ff.
Ruanda 25, 36 f.
Rubiaceae 18
Rüdesheimer Kaffee 100
Rahat 79
Rainforest Alliance 17 f.
Regionale Kaffeesorten 35 ff.
Reinigen 31 ff.
Reinigung eines Halbautomaten (Siebträgermaschine) 85
Reprocessed raisins 30
Restkoffeingehalt 70
Rio Flavour 40
Rio-Bohnen 32
Ristretto 97, 112
Robusta 18 ff., 40 ff.
Roggenmalzkaffee 72
Rohkaffee 16 f.
—-Agenten 47 f.
–prüfung 34 f.
Rohkoffein 70
Rollen (Milchschaum) 91 f.
Röstablauf 49
Röstanlage 50 ff.
Röstdauer 49 ff.
Röstdefinition 48
Rösten 46 ff.
Röstgrad 49 ff., 53 f.
Röstkaffee 48
Röststufen 53 f.
Rösttrommel 50 ff.
Röstung 49 ff.
 – unter Zuckerbeigabe 54
Röstverfahren 51
Röstverlauf 53
Röstvorgang 49 ff.
Ruanda 25, 36 f.
Rubiaceae 18
Rüdesheimer Kaffee 100

S

Sachertorte 111
Säcke 47 f.
Sade 79
Salz im Kaffee 108
Salzig 115
Salzige Speisen und Kaffee 107
Sambia 25, 36
San Cristóbal 40
Sanani 37
Santo Domingo 42
Sauer 90, 115
Saure Speisen und Kaffee 107
Säuren 50 ff., 61 ff., 113
SCAA 116, 119
SCAE 12, 119
Schädlinge 17 f.
Schale Gold 96
Schale hell 99
Schale Nuss 96
Schälen 29 ff.
Schalenstücke 32
Scheibenmahlwerk 86 f.
Schleimschicht 29
Schmankerln, Wiener Kaffeehaus 109 ff.
Schneckchen 33
Schnellröstung 53
Schnitzen (Milchschaum) 92 fff.
Schonkaffee 69
Schümli 98
Schüttgut 48
Schwarze Bohnen 32
Schwarzer 95 f.
Schweiz, Kaffeeklassiker aus 98
Schwemmkanäle 29 f.
Sehr dunkle Röstung 54
Sehr helle Röstung 53
Sekerly 79
Selektive Handpflückung (hand picking) 27
Semi-dried coffee 30 f.
Semi-washed coffee 30 f.
Sensorische Prüfung im Erzeugerland 34 f.
Service im Wiener Kaffeehaus 109
Servicetipps 106
Sharki 37
SHB (strictly hard bean) 34, 41, 43
Shells 31
SHG (strictly high grown) 34
Siebträger 83
–, Bedienung 84 f.
–maschine 82
–, Reinigung 85
Sierra Leone 25, 36
Silberhäutchen 29 ff.
Simbabwe 25, 36
Sirupe 94
Sodbrennen 61 ff.
Sorten 18 ff.
Sortieren 31 ff.
Spanish (Röstung) 54
Speciality Coffee 119
 – Association of America 116, 119
 – Association of Europe 119

Speisen und Kaffee 107
Sperl, Café 109
Spirituosen und Kaffee 107
Spitzensorten 55 ff.
Sprühtrocknung 71 f.
Sprüngli 113
Screenwert 33 f.
St. Helena 38
Stahlnetz 83
Stampfer(nase) 86
Starbucks 53, 112
Steinchen 32
Stinkerbohnen 31
Strauch 15 ff.
Stretto 97, 112
Strip picking (stripping) 27
Sturzröstung 49
Sri Lanka 25, 38
Südamerika 25, 40 ff.
Sulawesi 38
– Toraja 38, 57
Sumatra 38
Supremo 41
Surrogate 72
Süß 115
Süßspeisen und Kaffee 107
Süßspeisen, Wiener 111

T

Tafelspitz 110
Tampen 88 f.
Tamper 86, 88
–matte 88
–station 88
Tansania 25, 36 f.
Tapachula 41
Tarrazú 42
Temperatur 50 ff.
– des Wassers 77
Thailand 25, 38
Theodat 10
Thermoskanne 78
Tiefkühlen 55, 68
Tieflandkaffee 19 ff.
Tiere (Milchschaum) 93
Tischwasserfilter 77
Togo 25, 36
Toppings 94
Toraja 38, 57
Torrefacto(Röstung) 54
Transport 48
Trend-Cappuccino 98
Tres Rios 42
Trinidad & Tobago 25
Trockene Aufbereitung 28 f.
Trommelpulper 30
Trommelröstung 51 f.
Türkische Zubereitung
 (Türkischer Kaffee) 79
Typica 19, 41

U

Überdruckverfahren 55
Überextraktion 89
Überstürzter Neumann 96
Uganda 25, 36 f.
Umami 115
Ungewaschener Kaffee 28 ff.
Unterextraktion 90
Unterliner 106
Unwashed coffee 28
Utra 79
Utz certified 17 f.

V

Vakuumverpackung 55
Venezuela 25, 40 f.
Verarbeitung 46 ff.
Verbreitung 8 ff.
Veredelung 69 f.
Verkauf von Kaffee 106 ff.
Verkaufspreis 117
Verkostung 35, 101, 113 ff.
Verkostungstechnik 114 ff.
Verlängerter 96, 108
– Schwarzer 96
Verpackung 54 f., 68
Vietnam 21, 25, 38 f.
Vollautomat 81, 83
Vorbrühen 75

W

Wachspapier, gasdichtes 55
Wachstum der Kaffeepflanze 14 ff.
Washed coffee 29
Wasser 61 ff., 75 ff.
–besprühung 51
–einspritzung 51
–enthärter 76 f.
–, Glas 109
–härte 76
–temperatur 77, 90, 108
– und Kaffee 106 f.
–, weiches 76
Weiße, verblühte Bohnen 32
Wettbewerbe für Barista 119
WHO (World Health Organisation) 65
Wien, Kaffeeklassiker aus 95 ff.
Wiener Eiskaffee 97
Wiener Kaffeehaus-Klassiker
 mit Alkohol 97
Wiener Kaffeehaus-Klassiker
 ohne Alkohol 95 f.
Wiener Kaffeehaus-Klassiker, kalt 97
Wiener Kaffeehauskultur 108 ff.
Wiener Kaffeehausservice 109
Wiener Kaffeehausspeisen 109 ff.
Wiener Melange 96
Wiener Röstung 53
Wiener Schnitzel 110
Wiener Süßspeisen 111
Wirkung von Kaffee 61 ff.
World of Coffee, Messe 119
Worm Bitten Menados 38, 57
Würstel 110

Y

Yauco Selecto 42
Yirgacheffe 36
Yoija 42

Z

Zentralafrikanische Republik 25, 36
Zichorienkaffee 72
Ziehen (Milchschaum) 91 ff.
Ziehzeit 107
Ziele erreicht? – „Ernte und Aufberei-
 tung" 43 ff.
Ziele erreicht? – „Geschichte des
 Kaffees" 12
Ziele erreicht? – „Handel und Verarbei-
 tung" 58 f.
Ziele erreicht? – „Kaffeeanbau" 21 ff.
Ziele erreicht? – „Kaffeeinhalts-
 stoffe" 65 f.
Ziele erreicht? – „Kaffeeprodukte und ihre
 Zubereitung" 101 ff.
Ziele erreicht? – „Kaffeeservice" 120 ff.
Zimt-Röstung 53
Zubereitung eines Espressos 88 ff.
Zubereitung von Kaffee 67 ff.
Zubereitungsarten 74 ff.
Zubereitungsverfahren und deren
 Maschinen 77 ff.
Zucker 95
–karussell 95
–test 89
Zum Arabischen Coffee Baum,
 Leipzig 113
Zungenlandkarte nach
 Chrandrashekar 115
Zweigruppige Siebträgermaschinen 83

Literaturverzeichnis

Gutmayer u. a., Service. Die Grundlagen. Trauner Verlag, Linz, 7., komplett überarbeitete Auflage 2009
Gutmayer u. a., Service. Die Getränke. Trauner Verlag, Linz, 5., aktualisierte Auflage 2010
Seehusen Henning, Kaffee – ein Genuss, Gräfe und Unzer GmbH, München, Auflage 2005
Kolpas Norman, Kaffee für den Connaisseur, csi-Verlag, Wiesbaden, Auflage 1978
Café en vogue, Mosaik Verlag, München, Auflage 1988
Heidi Kabels Kaffeebuch, Moewig KG, Rastatt, Auflage 1989
Lautwein Jürgen, Espresso, Mokka, Cappuccino & Co., ECON GmbH, Düsseldorf, Auflage 1988
Wechselberger u. a., Das Kaffeebuch für Anfänger, Profis und Freaks, lesethek verlag/Braumüller GmbH, Wien, Auflage 2009
Edelbauer Leopold J., Kaffee, Pichler Verlag, Wien, Auflage 2000
Bürgin, Eugen Dr., Kaffee, Sigloch Edition, Künzelsau/Thalwil/Salzburg, Auflage 1978
Lavazzas Espresso Handbuch, Lavazza Training Centre, Auflage 2004
Aus dem Internet: Österreichischer und Deutscher Kaffeeverband, Kaffeezentrale, Wiener Kaffeehaus.

Bildnachweis

Rechtinhaber bekannt (Fotos wurden zur Verfügung gestellt)
Photocase.com/yakuzastinger: S. 89 (Zucker).
Wilhelm Gutmayer, Krems: S. 95 (Kleiner Mokka), S. 96/97, S. 98 (oben, mittig), S. 100 (oben), S. 106 (unten).
Wolfgang Kraml, Linz: S. 30 (Bohnen), S. 37, S. 41, S. 53/54 (Bohnen), S. 78 (Karlsbader Kanne), S. 79 (Ablauf und Spalte), S. 88/89 (Schritt-für-Schritt-Fotos), S. 91 (ganz links), S. 92 (Schritt-für-Schritt-Fotos), S. 99 (unten), S. 110 (mittig, unten).
Birgit Prammer, Linz: S. 54 (Schütten), S. 56 (unten).

Rechtinhaber unbekannt
S. 8 (Avicenna), S. 9/10, S. 11 (unten), S. 16 (Hauptspalte), S. 17, S. 19/20 (Bohnen), S. 25 (Grafik), S. 27 (Spalte), S. 28, S. 30 (Hände mit Bohnen und Nr. 6), S. 31 (oben), S. 32, S. 38, S. 42, S. 50, S. 52 (Spalte), S. 55, S. 56 (oben), S. 57 (Bohnen, Fässer), S. 59, S. 70 (AC-Bohne), S. 71 (unten), S. 72, S. 73 (Recycling), S. 75, S. 77 (Filter, Filtermaschine), S. 80 (2 French Press Fotos, 2 Espressokannen Fotos), S. 81 (Aeropress), S. 82, S. 83 (alle bis auf rechts oben), S. 84–86, S. 87 (außer Holzmühle), S. 88 (Tampermatte, -station), S. 89 (Spalte), S. 90 (oben, mittig), S. 91 (Spalte, 1. Foto), S. 92 (Spalte unten), S. 94 (Spalte), S. 95 (Zucker, Weltkarte), S. 99 (oben, mittig), S. 100 (mittig, unten), S. 101, 108 (unten), S. 109 (oben, mittig), S. 111 (3., 4. Foto), S. 112/113, S. 117 (unten), S. 119, S. 120 (Fotos 1–6, 9, 11).

Alle weiteren Bilder und Grafiken sind Eigentum der TRAUNER Verlag + Buchservice GmbH bzw. wurden von Bildagenturen zugekauft (MEV Verlag GmbH, fotolia.com).

Dankeschön

Ein herzliches Dankeschön gilt Herrn **André Krug,** seines Zeichens u. a. Barista SCAE aus Norddeutschland, der uns inhaltlich Tipps gegeben und deutsche Besonderheiten eingebracht hat.

Ebenso möchten wir uns ganz herzlich bei Herrn Alexander Großschopf von der Firma **Lavazza** Kaffee, Wien, für die Unterstützung bei den Fotoaufnahmen u. a. zur Latte-Art bedanken.

Auch den Firmen **Meinl,** Wien, und **Schärf,** Neusiedl am See, sowie dem **Deutschen Kaffeeverband,** Hamburg, danken wir sehr für ihre zur Verfügung gestellten Fotos.